LA VIE DE **JOACHIM** DE **FLORE**

Discovery Publisher

Auteur : Emmanuel Aegerter

616 Corporate Way
Valley Cottage, New York
www.discoverypublisher.com
editors@discoverypublisher.com
Fièrement pas sur Facebook ou Twitter

New York • Paris • Dublin • Tokyo • Hong Kong

TABLE DES MATIÈRES

LA VIE DE **JOACHIM** DE **FLORE**

I

oachim, futur visionnaire, vint au monde vers l'an 1133, dans un double paysage singulier, étrange au regard de la chair dans son aspect terrestre, comme au regard de l'âme dans ses horizons spirituels. Il naquit en Calabre — à Célico. Cette province figurait alors la pièce farouche dans ce royaume bigarré des Deux-Siciles qui fournit à l'Italie pendant tout le haut moyen âge, ses philosophes et ses mystiques. Alors que les riches et faciles régions du Centre et du Nord s'illustraient d'artistes, la terre méridionale, sombre et brulée dans ses verdures, portait la floraison amère des théoriciens et des ascètes. Bouleversée par l'énorme ossature des Apennins, la Calabre rappelle parfois l'Espagne : même violence dure, même âpreté chargée de mystère. De noires forêts l'enténébraient ; ses vallées encaissées retentissaient du bruit sourd des cascades. Ce caractère géographique avait modelé des habitants d'une gravité méfiante, vivant de leurs cultures et de leurs troupeaux chassés chaque printemps de leurs fermes par les miasmes et se réfugiant sur les hauts plateaux jusqu'aux pluies, en petits groupes oisifs. Un tel exil périodique leur avait donné le gout presque agressif de la dialectique, comme les exhalaisons de la malaria les imprégnaient d'une fièvre volontiers hallucinatoire. Ces forêts impénétrables, ces replis obscurs au creux des montagnes hantées de passants rapides, créaient la sensation de l'isolement et par là même entretenaient le feu solitaire de l'indépendance. Plus haut encore, dominant les fermes du travail et les abris à flanc de montagne, dans de froides régions, les ermites grecs, les anachorètes, qui nichaient sur des rocs escarpés comme des tours de légende, exaltaient encore ces sentiments d'individualisme, vivaient dans leur cabane loin du siège apostolique, en relation directe avec Dieu, dans une sorte de schisme inconscient. Le lourd massif convulsé apparaissait ainsi comme un tableau symbolique aux étages imagés : en bas les paysans labourant, paissant les troupeaux, les bourgeois des petites cités acharnés à leur labeur familier ; à mi-hauteur, des asiles de discussion et de syllogismes ; et sur les sommets un peuple de moines, au-dessus des nuages.

Tout de même, malgré ces rudes saisons, malgré ces ilots d'abrupte sainteté, de larges vallées d'oliviers et de vignes, laissant affleurer çà et là les ruines de cités antiques qui furent ardentes et molles, baignaient encore dans une lumière grecque. Certes, les barbares ayant saccagé l'immense jeu d'irrigation, les fourrés de roseaux se multipliaient, les lauriers élargissaient sans cesse leur nuit amère et feuillue. Qu'importait! En dépit de l'âcre siroco, des exhalaisons fétides, l'image idéaliste de la grande Grèce flottait sur ces cascades funèbres, sur ces bourgades sales, sur ces pacages pourris animés de buffles crottés. Un cercle de cimes bleuâtres enserrait l'horizon. Cent ans auparavant l'austère Bruno lui-même, bâtissant une chartreuse dans ce paysage bucolique, s'effrayait presque de ressentir avec de si fines délices l'enchantement du sol où fleurit Sybaris.

Si telle, dans son supplice de poisons et d'ombres mauvaises, nous pouvons évoquer la Calabre de ce temps, le paysage spirituel n'apparaissait pas moins bouleversé. Deux vifs courants ennemis s'y heurtaient avec force, l'un plus mystique, l'autre plus intellectuel, laissant tous deux entrevoir de lointaines perspectives, mais tournoyant pour l'heure en un champ clos où retentissaient, ponctuées d'anathèmes, les voix des grands fondateurs d'ordres et des grands bâtisseurs d'Universités. Mystiques et humanistes s'affrontent. Les uns affirment brutalement que la foi suffit, quelle pose et réalise son objet, que la science est inutile avec sa logique purement verbale, hors de la vie, et verrouillent les bibliothèques des cloitres. Les autres déclarent avec âpreté que la foi puise au contraire dans la coïncidence de son affirmation mystique et des conclusions de la philosophie, une force plus satisfaisante encore. Tous, d'ailleurs, vivaient dans deux mondes abstraits se doublant et se contrariant, pures fictions d'école sans lien avec la réalité tangible. Un intellectualisme sec régnait sur le monde occidental; les spéculatifs ne retenaient que les signes des choses, en constituaient une sorte d'algèbre théologique; leur symbolisme outrancier supprimait la substance, ne laissait demeurer de l'Univers que des images.

Ce fut dans ce décor que naquit Joachim. Certains de ses historiens fixent sa naissance à l'an 1111, le faisant ainsi mourir à l'âge de quatre-vingt-treize ans : la chronologie de son existence s'adapte trop mal avec cette date pour qu'il soit possible de la retenir. La plupart de ses autres biographes la fixent à 1130, mais, d'autre part, s'accordent pour affirmer qu'il entreprit à l'âge de vingt ans son voyage en Palestine. Or, en 1150, le royaume des Deux-Siciles guerroyait avec l'empire d'Orient, et il semble à peu près impossible qu'un officier de la maison du roi pût, même à titre de pèlerin, séjourner alors à Constantinople. Je crois plus exact, dans ces conditions, de reculer de quelques années sa venue au monde. Son père s'appelait Maur et sa mère Gemma. Ils appartenaient à une famille honorable, mais n'auraient pu justifier de l'ascendance nobiliaire que plusieurs historiens de leur fils leur ont gratuitement conférée. Maur occupait, selon toute probabilité, une charge de notaire. Ces saintes gens jouissaient de l'estime du bon peuple de Célico, justifiée par une piété, une honnêteté, une régularité de mœurs qui tranchaient sans peine sur la morale bariolée de ce temps. Ils possédaient quelque or, et se faisaient gloire d'une brève propriété qui verdoyait près des remparts de la cité.

Dégagée du surnaturel qui la baigne dans les premiers récits monastiques, la jeunesse de Joachim demeure obscure. Les annonciations merveilleuses ne manquèrent point cependant à cette aube de prophète. Il en est, dans les vieux biographes, d'exquises et de naïves qui préfigurent les Fioretti. Mais dom Gervaise lui-même écarte ces miracles, avec une critique très prudente, assez hautaine, bien dans le gout de son siècle, tout en retenant pour le principe un de ces faits.

À sept ans, Joachim perdit sa mère. Son père déjà chargé de l'éducation d'une fille et formant d'ailleurs pour son fils d'ambitieux projets le mit dans un collège. Joachim y poursuivit ses humanités jusqu'à l'âge de quinze ans puis regagna Célico pour y attendre que son sort fût fixé. Il ne semble pas qu'il ait eu dès lors la vocation ecclésiastique, car non seulement il ne manifesta en aucune circonstance le désir d'entrer dans les ordres, mais d'un autre côté il ne parait pas avoir approfondi ses études avec tout le soin qu'eût dû leur apporter un futur clerc. Toutefois, il témoignait d'une piété profonde, et conservait une pureté extrême. Tous les jours, il rejoignait, près de la Carnavine, le bosquet qui bordait le jardin paternel : là, s'étendant sur une longue pierre, il priait Dieu et pleurait avec cette angoisse des jeunes gens très chastes qui, sentant en eux une force infinie et se désespérant d'un désir inconnu, reportent tout naturellement leur puissance d'amour vers un objet sublime. Son père, comme tous les pères de fils mystérieux, ne comprit pas ces extases. Notaire, il avait un sens pratique très net. Il résolut de pousser Joachim dans le monde, et grâce à ses relations, peut-être grâce au crédit de l'évêque de Corenzo, obtint rapidement que son fils fût appelé en qualité de page à la cour de Roger II.

Du sombre collège monacal, du petit jardin où il pleurait sur la vie, l'adolescent passait sans transition à la cour brillante, paradoxale et bigarrée du scepticisme. Aux extrémités de l'Europe orthodoxe, dans une île détachée de la chrétienté comme un vaisseau qui s'éloigne du port, —ile fleurie, ardente, veinée de soufre et de sel gemme, couronnant de vignes un volcan, — l'Europe catholique, l'Orient byzantin, l'Afrique musulmane se rencontraient, se mélangeaient dans un extraordinaire croisement spirituel pour former un royaume hybride et resplendissant. On n'avait pas respiré — devait-on respirer encore ? — cette essence exprimée de fleurs contradictoires ; on n'avait pas vu — ne devait-on jamais revoir ? — ce spectacle délicieux. Roger II avait agrandi, assuré, affiné encore l'œuvre de son père, le comte de Sicile, de son oncle, le bandit Guiscart. Intelligent, avisé, artiste, assez dénué de scrupules pour devenir un grand roi, ce bon chevalier normand vêtu tantôt d'une dalmatique byzantine, tantôt d'un manteau d'émir que brodait un combat de tigres, régnait dans une escorte de nègres sur des barons francs, des marchands juifs, des bourgeois italiens, et des savants arabes. Chrétien, il possédait un harem. Souverain absolu, il appliquait à chacun de ses peuples si divers ses lois particulières, la charte féodale aux cités, la justice coranique aux musulmans, la justice talmudique aux israélites. Vassal du souverain pontife, il affirmait tenir sa couronne de Dieu seul. Très pratique d'ailleurs, dans ses pires violences. Normand d'origine, il le restait, tout oriental qu'il parût, au plus mauvais sens du mot, et se garda toujours d'affirmation, dans les menées méditerranéennes, autant que paysan d'Avranches sur son marché provincial. Sa politique fut ainsi sournoise et triomphante. Quand il eut la chance d'avoir pour beau-frère un antipape, il en obtint par persuasion la couronne royale, mais son protecteur battu, il passa à la brutalité, fit prisonnier le pape véritable, le retint prisonnier avec une contrition infinie, et fit authentifier par la force, à ce pontife sans liberté, le titre acquis d'un pontife sans droit. Toujours d'ailleurs il mêla gloire et négoce. Au cours du pillage de Thèbes, il fit réserver les plus belles femmes, mais aussi les meilleures tisseuses : le harem n'annulait pas le magasin.

Du haut de ses terrasses merveilleuses, vertes d'orangers et de citronniers, il gouvernait les deux Sidles, les iles grecques, les côtes de Tunis. Sa cour réalisait une réussite inouïe. Il y avait là, aux confins du monde de la foi, un Paradis hétérodoxe et lointain, où les êtres et les pierres se croisaient de grâces hétéroclites. La cour multiforme étincelait sous un signe mahométan, comme une fête de nuit nordique ou vénitienne qu'éclaire le croissant. Les musulmans, d'ailleurs, y fourmillaient, architectes, savants et poètes. Leur empreinte scellait certains paysages : le pont de l'Ammiraglio qui s'éloignait de Paierme sur ses piliers énormes était l'œuvre récente de Georges d'Antioche. Les murailles grecques de la chapelle palatine se couronnaient d'un plafond arabe. Abu S'Salt Omméïa était médecin du roi. La flotte obéissait à un musulman, vêtu à la grecque d'une robe d'écarlate. Et tandis que Dexopates, ancien archimandrite d'un monastère palermitain et futur nomophylax de l'empire grec établissait une géographie cléricale, Abou Abdallah Mohammed el Edrisi, authentique descendant du prophète, gravait la carte du globe sur une sphère d'argent. Tout se mêlait en de suaves dissonances, des nuages de Thulé fondaient leurs fraicheurs grises dans des couchants d'Arabie. Des exhalaisons païennes affleuraient la ville où sonnaient les cloches. Et les seigneurs aux fenêtres devant la mer eussent vu sans s'étonner des sirènes sortir des flots tyrrhéniens pour s'enivrer douloureusement aux cantilènes du Nord.

Une fête aussi paradoxale ne pouvait d'ailleurs se prolonger. Joachim arrivait juste à temps pour assister à cette apothéose orientale d'une dynastie normande, à la miroitante minute de cette ineffable et incertaine aventure. Il fut très apprécié. Courtois, très fin, d'une taille élevée et d'une beauté délicate, le visage entouré d'une chevelure bouclée qu'il fit habilement blondir, il séduisit immédiatement. Mais nous n'avons pas plus de renseignements sur sa jeunesse à la cour que sur son enfance à Célico. Peut-être, dans l'été de 1149 — s'il se trouvait déjà à Paierme, — accompagna-t-il son maitre qui rencontrait à Palenza le roi de France. Peut-être aussi, en 1150, assistait-il à la rencontre de Roger II et du pape qui eut lieu à Céprano. Ce ne sont là que d'hésitantes suppositions. Nous savons par ailleurs que de 1145 à 1150, Roger II, sauf les deux voyages en question et un séjour, en novembre 1147, au palais de Terracine, près de Salerne, ne quitta guère Paierme ou Messine. Dans ces deux villes, Joachim dut donc vivre de cette vie brillante dont émanait une griserie infinie, tout émerveillé de contrastes.

Nous pouvons l'y évoquer, quelque soir d'étrange fête, blond et grave dans son costume de page. Il vient d'entendre s'élever, vers les pièces d'eau, de grêles et désolées musiques qui soudain divinisent le crépuscule. Les portes ont battu, un tumulte emplit le palais, Normands clairs ou Nègres lippus se précipitent, et maintenant debout au haut de l'escalier qui plonge au mystère artificiel du lac, il voit s'approcher une galère au tendelet de pourpre abritant un groupe royal, alourdie de roses, et dont les rames douces battent en cadence l'eau de plomb. Déjà le vaisseau de parade accoste. Entouré de pages blancs et d'eunuques noirs, le roi gravit les marches, suivi de formes lumineuses, toutes les belles sarrasines du harem, aux voiles teints des magies du soir. Des deux côtés de l'escalier brusquement vivant, les porteurs de torches, bronzes vifs, haussent plus haut que leurs faces camuses des étoiles résineuses. Le roi passe lentement. Joachim le touche presque. Roger II a vieilli, les veines bleuâtres saillant aux tempes, des poches d'eau sous les yeux : de près il apparait touché par l'usure d'une race nordique vite épuisée en ces délices africaines. La cohue s'engouffre à sa suite dans les salons mythologiques. Les femmes sont un printemps odorant et rapide. Poètes et marins mêlent pour l'imagination les deux grandes aventures du monde. Joachim est grisé d'intelligence et de lumière. Comment des songes d'illustration ne l'assailliraient-ils pas ? Cet officier maure, c'est Philippe de Mehdia, page lui aussi, voici peu d'années, et qui vient de prendre Bône au choc de ses galères griffues. Cet homme au sombre et mobile visage, c'est Abou Daw, le poète qui pleura sur la mort du prince Roger. Et les belles chrétiennes macérées dans l'eau de rose, devenues aussi mystérieuses que les musulmanes, passent, créatures exquises qui cachent à demi sous le voile oriental les yeux clairs de l'Occident et fondent dans leur chair unique touts les délices de la terre. Tout chatoie, la gloire et les robes.

Il errait au travers des salles resplendissantes. Tandis que les torches rougeoient, que soufflera tout à l'heure le désir de l'ombre, un chœur de voix graves dit les douceurs, la fièvre, la tragédie de l'amour, de cet amour qu'il ne connait pas. Par les vastes baies ouvertes sur les lacs on entend le faible battement des rames de la galère royale qui regagne l'amarrage. Mais sur certaines natures, les fêtes et la joie, par le sentiment de leur fin inéluctable, produisent un élan amer vers l'ascétisme. Il est des âmes qui ne voient que les lendemains. Et l'adolescent, devant la fête qui va tourner à l'orgie, le cœur brisé des terribles musiques d'Orient, écoute peut-être, une minute, ce glissement furtif et multiple comme la tentation d'un départ mystérieux...

Une fois hors de page, quelle devait être sa carrière ? Dom Gervaise imagine que, favorisé de la protection du prince, il fut entré dans l'armée où l'attendait un avancement rapide. Gebhart, avec plus d'apparence de raison, croit que, fils d'un notaire, il fut attaché à la curie royale.

Cependant il aimait à laisser parfois les travaux et les plaisirs, et, méditatif plus qu'il n'eût convenu, à errer dans les environs de Paierme, au flanc du mont Pellegrino, belvédère rocheux, ou dans la plaine de la Cinca d'Oro, immense jardin. Au cours de ces promenades, il s'arrêtait volontiers dans l'ermitage d'un cénobite bizarre et pieux. Ce saint homme affichait un extrême dégout du siècle, et nous verrons plus tard que la rentrée qu'il y fit ne dut pas modifier son sentiment. Sous le toit de branchages, le jeune page et le vieil ermite conféraient des choses éternelles. Puis, sorti de la hutte, Joachim reprenait son office dans ces palais où de jolies femmes, des astronomes, des poètes, évoquaient la beauté, le firmament, l'illusion. Tout un monde de moines, de rabbins, de cadis, de gentilshommes de fortune, d'eunuques noirs, d'abbés romains, d'officiers sarrasins, de philosophes maures, l'entourait à nouveau des personnages vifs et colorés d'un conte philosophique. Voltaire se serait délecté à cet hétéroclisme grouillant. Et le futur ascète, penché sur le miroir de l'univers, y apercevait ainsi la diversité des religions, la multiplicité des races, la variété des plaisirs : tous les regards de la philosophie et tous les sourires de la volupté.

II

S i, dans cette fête des mille-et-une nuits, dans ce caléidoscope de mœurs et d'idées, Joachim conserva sa foi intacte, il sut toutefois apprécier les joies mondaines et ne témoigna nullement d'un mépris complet pour ce monde qu'il devait ensuite, avec une opiniâtreté superbe, anathématiser pendant plus d'un demi-siècle. Il se parait volontiers, teignait en blond ses cheveux, jouait son rôle charmant au milieu de cette parade étincelante. Les stations dans la hutte monacale passaient inaperçues, et rien dans ce beau cavalier ne préfigurait le prophète. Il respirait la fleur mouchetée, marbrée, avant de la menacer pour son ivresse mauvaise, de la faux du temps.

Cette vie d'élégance durait depuis quatre années, lorsque Joachim quitta la cour de Sicile pour se rendre en Orient. Les raisons de ce voyage demeurent obscures. Ses hagiographes, toujours enclins à embellir sa légende et surtout préoccupés de la calquer sur la vie édifiante des saints, voudraient qu'écœuré par le spectacle de ce monde brillant et corrompu, il se fût enfui en Palestine, à l'insu de ses parents et de ses amis, dans une sorte d'épouvante mystique. Il aurait, d'après leur thèse, muri son projet pendant des mois et, cherchant un compagnon pour cette aventure difficile, songé à l'étonnant ermite renfrogné dans sa cabane aux portes de Paierme. Puis il serait parti brusquement pour Constantinople.

Cette hypothèse, bien que généralement admise, présente quelques invraisemblances. Tout d'abord, nous venons de le voir, si Joachim avait gardé sa foi chrétienne, il n'en montrait pas moins un gout certes délicat, mais prononcé, pour la vie de cour. Une résolution comme celle d'abandonner sa famille sans un mot d'adieu, de résigner par sa seule absence les fonctions confiées par un roi bienveillamment protecteur, aurait dû offrir un motif sérieux et se traduire brusquement par un effort d'ascétisme. Or, si d'un côté nous ne saisissons pas de raison bien nette d'une conversion subite, nous savons, d'autre part, qu'il partit pour l'Orient richement vêtu, dans une escorte d'amis joyeux. La seule explication possible de sa rupture avec le monde serait un coup de foudre, l'appel violent de Dieu. Mais ce tonnerre, effroyable et visqueux, ne tombera que plus tard sur son cœur,

Emmanuel Aegerter

cet appel ne retentira, dans une atmosphère empuantie, qu'au cours du voyage entrepris. Rien de sinistre dans l'élégante cavalcade qui chevauche vers l'Orient byzantin. Il faudra, pour lui rappeler l'éternité, qu'elle bute — annonçant la fresque dont Orcagna, plus tard, blêmira le mur pisan — sur des cercueils entrouverts.

En réalité, Joachim dut partir pour Constantinople soit pour un de ces voyages au tombeau du Christ qu'accomplissaient encore facilement les jeunes seigneurs dévots, soit, et plus vraisemblablement si l'on évoque son équipage, pour s'acquitter auprès de l'empereur de quelque mission diplomatique. La politique des maitres du monde occidental se trouvait, à cette époque, légèrement embrouillée. Il ne parait pas impossible que le roi de Sicile ait choisi, pour quelque mission secrète, un des officiers de sa cour qu'il appréciait pour sa finesse et sa courtoisie, et qui devait avoir, nous nous en rendrons compte plus tard, un sens subtil des affaires. Et dans ce cas, Joachim aurait compris dans sa suite, au rang d'un compagnonnage proche de la domesticité, ce solitaire palermitain dont tous les récits doublent ses pas, et qu'entraina sans doute le désir de visiter les pays étrangers. Mais, en toute occurrence, la joyeuse cavalcade sur les routes saintes, dans la fraicheur des sensations et le pittoresque des paysages, Joachim devait déjà se montrer ivre de cette indépendance qui toujours, même moine, même abbé, le distinguera. Aux haltes, dans les ports battant de voiles, il devait humer, avec l'odeur, des fruits d'outre-mer entassés sur le sable, la griserie de l'exotisme, et déjà sans doute il devait se sentir mystérieusement attiré, comme toute jeunesse par l'inconnu, vers ces régions spirituelles de l'Orient qui influeront plus tard d'une manière si profonde sur sa pensée. Il approche, en l'ignorant, de la grande heure de sa vie.

Nous ne savons rien de précis sur le voyage, sinon que les cavaliers firent la charité tout le long de la route et qu'ils arrivèrent à Constantinople en pleine épidémie. La peste, en ce haut moyen âge et dans les villes malsaines d'Orient, offrait un spectacle effroyable. Il y a quelques années encore, dans cette même Constantinople et pour ce même mal, les policiers versaient simplement un sac de chaux sur les misérables expirés dans la rue et les passants faisaient un détour, pour éviter ces petits sépulcres friables barrant les trottoirs. La cité, quand Joachim y pénétra, n'était tout entière qu'un charnier. La commotion fut brutale. Dès les remparts franchis, ces corps livides marbrés de taches, l'odeur infecte des rapides décompositions, l'épouvante de la mort planant au-dessus de la capitale, le frappèrent rudement dans sa conception même de la vie. Vision subite de la vanité du monde dans l'atmosphère irisée de miasmes ! Ivre soudain d'éternité, comme grisé d'un sublime éther, il aida les fossoyeurs, se fit fossoyeur lui-même, emporta, enterra de ses propres mains ces corps qui se rompaient, ces chairs gonflées de gaz meurtriers. Dans la ville atroce, que pesait le souvenir de la cour voluptueuse ? Sous peu d'années, le roi magnifique, les femmes onduleuses et fardées, les poètes noirs, dont les corps pourriraient sous les dalles emphatiques, auraient comparu, âmes tremblantes, vêtues de leurs péchés, devant le Juge éternel. Un mur de cimetière l'enferma soudain dans un court horizon d'horreur et de mort, lui barra tous les chemins faciles. Ce caractère entier s'était précipité, sans nuances ni reprises, sur un autre plan d'existence. Brusquement, il résolut d'aller prier au tombeau du Maitre qui vainquit la mort. Il quitta ses amis, déchira ses vêtements siciliens, se vêtit d'un habit de bure, marcha pieds nus. Son grand sacrifice, avoue dom Gervaise avec une délicieuse naïveté, fut de couper ses cheveux. « Il les avait naturellement beaux, explique le vénérable auteur, et comme ils descendaient fort bas sur les épaules, qu'ils se terminaient en boucles, cela produisait un objet assez agréable à la vue. C'était une des circonstances qui avait rendu sa personne si aimable à la cour du roi de Sicile. » Sans doute eût-il pu les conserver, la sainteté ne se mesurant pas à de capillaires aunes ; mais il les avait teints, et nul artifice ne put les rendre à leur couleur naturelle. Les abhorrant, déclare Jacobus Græcus, comme les derniers vestiges de la vanité, il se tondit bravement. Peut-être que, ciseaux en main, il jeta tout de même un regard attendri sur son jeune visage encadré de boucles blondes. Quelques crissements dans cette masse fauve, et la tête du prophète allait se dégager, que les ans sculpteraient, amaigriraient, rideraient. À cette minute, il choisissait. Quelque relent moisi de cadavre monta-t-il jusqu'à la pièce où il se tenait ? Il accomplit le geste terrible de la certitude. Essaim endeuillé des présages, les noirs corbeaux de l'ascétisme volèrent dans l'air alourdi. C'était un gentilhomme italien ivre de joie qui entrait, peu de jours auparavant, dans la ville affreuse. C'était un moine en haillons, dévoué à la douleur, qui s'engageait maintenant dans le désert vers Jérusalem.

Il entrainait André. Plus âgé, moins impressionnable, le solitaire de Païerme avait-il reçu de l'apparition d'une cité en décomposition la même commotion salvatrice ? Il est difficile de se prononcer, mais sans doute ne voulut-il pas abandonner, au seuil d'un rude et tragique voyage, ce jeune homme qui s'arrêtait parfois dans sa cabane d'anachorète, aux jours tranquilles de Païerme, pour lui parler si merveilleusement des mystères divins.

Tous deux se mirent donc en route. Ce voyage, destiné à orienter toute la mystique de Joachim, devait n'être jusqu'à Jérusalem que le sujet de pensées assez éparpillées. Ils s'aventurèrent en Asie-Mineure. Ils choisiront le chemin le plus direct, mais aussi le plus pénible, à travers les espaces désertiques, assez loin de la mer. Ils souffrirent atrocement de la soif et de la chaleur et durent, à plusieurs reprises, s'enterrer à demi dans le sable pour trouver un peu de fraicheur. L'ermite, plus rassis, songeait à la cruche pleine d'eau puisée aux sources froides, dans sa cabane sicilienne. En bon néophyte, Joachim s'exaltait. Partout il découvrait de hautes allégories. Un jour qu'ils venaient de se désaltérer à une citerne, creusée par les hordes toujours mouvantes dans ces solitudes, il se souvint de Jésus au puits de Jacob. Il semait des images. Enfin, de réminiscences en haltes, ils arrivèrent aux confins de la Syrie.

Cependant dès qu'il aperçut la morne et jaunâtre étendue, Joachim désira visiter les pieux anachorètes qui vivaient dans la pénitence au creux de ces déserts. Toutefois, saisissant aussitôt les inconvénients que présenterait l'arrivée de deux voyageurs dans ces laures misérables où les provisions étaient maigres, il décida son compagnon à se rendre directement à Jérusalem. Puis il obliqua vers la côte.

Dans les ermitages essaimés au flanc des montagnes, il recueillit les paroles chargées d'expérience des hommes de Dieu, éprouva ce gout de l'isolement dans la prière qui devait l'amener plus tard à choisir son asile au milieu de l'effrayante solitude de Sylla. Ce fut la première leçon profonde de son voyage. Qu'importaient à ces méditatifs dinant de quelques dattes sèches et d'eau tiède les querelles du Comnène qui régnait à Constantinople et du roi de Sicile? Ils ne se préoccupaient pas de la figure changeante du monde, mais de sa réalité profonde. Joachim les écoutait avec une curiosité ardente. Assis sur une natte élimée, devant l'écuelle du repas, il voyait là, devant lui, des saints qui devaient étrangement ressembler aux faiseurs d'Apocalypse. Une cabane de boue, aux murs, des corbeilles tressées, un homme en haillons tout baigné d'éternité, et puis tout autour la solitude infinie,— qu'y avait-il de changé depuis le temps d'Antoine, depuis les siècles où les chrétiens, dans l'attente du Juge, se retirèrent au désert? Joachim pouvait se croire en un couchant des premiers temps de la Révélation, ou bien lorsque saint Paul de Thèbes, Hilarion, Pacôme, créaient dans ces solitudes, jadis images de la mort, d'intenses foyers de vie spirituelle. Il partageait la nourriture insuffisante, buvait l'eau croupie, repartait ensuite pour quelque laure plus lointaine que lui signalait l'ermite quitté. Cette vie exaltée, l'atmosphère brulante, l'enfiévraient de plus en plus. Au cours de ses hâtives étapes, la langue collée au palais, les pieds écorchés par le sable crissant et chaud, tous les nerfs crispés, il éprouvait à nouveau l'atroce supplice de la soif. Hanté de mirages, il voyait des bêtes féroces rôder autour de lui, puis s'évanouir. Par les midis aveuglants comme des miroirs, il se réfugiait dans les fraiches cavernes. Le désert l'entoura ainsi de ses imaginations indéfinies, en même temps que de son immense unité. Il put y puiser, applicable à ses futures constructions intellectuelles, le rêve des horizons simples et vastes. Il ne se douta pas, d'ailleurs, des impudicités qui se lèvent de ce sol syrien, de ces cultes secrets qui se célèbrent dans d'obscures retraites et qui prolongent les pratiques obscènes, les rites phalliques du plus ancien paganisme. Il était toute pureté, tout ascétisme tout enthousiasme.

Il arrivait en Terre sainte à de troubles heures. L'atmosphère sentait le fer. Les croisades, qui furent la question d'Orient du haut moyen âge, avaient abouti, au moment où il abordait la Palestine, à la création d'un royaume mâtiné, aux limites confuses, aux frontières mouvantes toujours mordues d'ennemis : grands morceaux de chrétienté découpés par le glaive dans la terre musulmane, ponctués de forteresses qui constituaient, autour du Tombeau, une couronne rude et sanglante. Royaume mobile et précaire, qui lui-même manquait secrètement d'unité, avec l'empire de fanatisme et de meurtre des fils spirituels du Vieux de la Montagne se superposant à l'autorité officielle ; n'avait-on pas vu, peu de temps auparavant, Raymond de Tripoli tomber sous le poignard des Hachîchîns ? Autour de ces lambeaux de provinces un danger innombrable : l'atarbak d'Alep, Nour-Ed-Din, menaçait alors Antioche ; des milliers d'hommes enturbannés, montés sur de petits chevaux, tourbillonnaient au seuil de tous les déserts. Au-dedans, un double danger ; la division furieuse des princes d'Occident : dans Jérusalem même Baudoin III se disputait avec sa mère, la reine Mélisande, et quelques mois plus tôt ce jeune homme élégant que Guillaume de Tyr encensa, cette reine que les historiens appellent «mater egregia» et dont ils disent quelle fut «merveille bonne Dame et à Dieu et au siècle», conversaient bruyamment par-dessus les murailles à coups d'arbalètes et de frondes. Et puis, s'ajoutant à ce péril immédiat, un autre péril engageant déjà l'avenir : la fusion des chrétiens d'outre-mer et des infidèles apportait dans ce pays un élément singulier. Il se créait là, sur ce point menacé du monde, à la porte des pays inconnus, une race neuve et lasse, une chevalerie énervée par le même phénomène qui épuisait, en ces mêmes années, la dynastie normande des deux Siciles.

Joachim s'engagea sans crainte sur les routes peu sures. Et le cœur dut lui battre, mais quel cœur humain ne battrait-il pas à cette vision ? — lorsque soudain une ligne bleue trembla doucement à l'horizon, annonçant le lac de Tibériade. Peut-être, lorsqu'il longea la nappe d'eau évangélique, eut-il, pour la seule fois de sa vie, la vision du Jésus des paraboles prêchant sur ces rives, debout dans la barque immobile au milieu des roseaux ; peut-être évoqua-t-il le Samaritain, et les lampes mouvantes des paranymphes dans le crépuscule des noces. La douceur infinie de la bonne nouvelle flotte toujours dans ce paysage. Mais déjà il avançait vers un Dieu plus sombre, vers la colline du crucifiement et la vallée de Josaphat.

Il descendit le cours du Jourdain, tout au long du vieux fleuve baptismal. S'il passa par Capharnaüm, sans doute lui montra-t-on, dans le roc, la trace des trois pas de Jésus. Bientôt, il atteignit, non loin de Jérusalem, les bords de la Mer morte « amère comme racine d'ible » ainsi que note un vieux chroniqueur des croisades. Il s'arrêta dans ce décor grandiose, d'un rouge sombre, qu'enchantent les fontaines coulant sous les tamaris et dont les coteaux scintillants encadrent la grande plaque ridée de l'Asphaltite. L'antique malédiction portée sur les amours qui n'engendrent pas la vie pèse toujours en ces lieux où la nature ensevelit à coups de tonnerre les capitales des étranges désirs. Ossendowski a vu, dans ses voyages asiatiques, de telles masses d'eau meurtrières, comme, par exemple, le grand lac de Szira-Kul, près des montagnes de Kiziel-Kaya où d'innombrables bacilles dégagent de l'hydrogène sulfuré : nulle n'offre la densité et le sinistre éclat de ce lac. Joachim vit-il le rocher fantomal, brillant de sel gemme, qui perpétue pour les nomades de la Pentapole la désobéissante femme du Patriarche Loth, et que Barthélemi de Salignac devait apercevoir en 1533 ? En tout cas, tout poudreux de ses longues marches, et ne sachant point que Titus y jeta vainement des esclaves alourdis de chaines, il voulut plonger dans ces eaux bizarres toutes suintantes de cristalleries. Ce bain de chlorure et de bromure de magnésium ne fit que rôtir le pieu errant qui, la peau clochetée, des brulures dans la chair, se sauva au plus vite.

Il était dit que sa route vers Dieu serait semée d'embuches symboliques. À l'une de ses dernières étapes, trois Sarrasins embusqués sur la route des pèlerinages l'assaillirent et le trainèrent jusqu'à leur caverne. Mais Joachim, qui n'était plus riche que de mérites, avait donné depuis longtemps à un plus pauvre que lui sa dernière pièce de monnaie, et les trois bandits, furieux d'une prise dérisoire, décidèrent de massacrer ce prisonnier sans rançon. Par bonheur pour le pèlerin si proche de son but, ses maitres vivaient à trois, avec une femme, « obscena cum muliere » disent les Bollandistes, et dom Gervaise ajoute, en baissant les yeux : « qui leur était commune ». Cette paillasse à Sarrasins fut touchée sans doute de la beauté de ce jeune homme en haillons et supplia ses trois amants de lui faire grâce. La pauvre fille, qui ne connaissait que les plaisirs brutaux et que le triple abandon de sa chair à des exploits sans finesse, comprit-elle dans un éclair qu'il pouvait exister un plus noble amour, et corps assouvi, donna-t-elle au gracieux étranger un peu de son cœur inemployé ? Les trois pillards ne se targuaient certes point de psychologie : ils acquiescèrent sans se douter qu'ils étaient moralement trompés et permirent à leur femelle de guider Joachim vers le plus proche village. Ils ne couraient, à cette indifférence, aucun risque. Quand cette femme, au détour du chemin, lui montra un hameau, Joachim ne la remercia point de la façon pratique dont, certainement, elle l'eût préféré ; mais prenant congé d'elle, il se dirigea en chantant le psaume des israélites dans la fournaise, vers les toits désignés d'une main tremblante. Et dans ces accents symboliques, il ne s'agissait pas du lac brulant qui tigra sa peau de cloques douloureuses, mais de la froide caverne du plaisir.

Dans ce hameau, Joachim fut accueilli par un vieillard qui vivait sous une cabane en ruines avec quatre enfants nus. Pris de pitié devant cette misère, il coupa son manteau, en fit quatre parts, et couvrit ces maigres corps. Mais la fatigue, les émotions, les brulures de l'Asphaltite l'avaient épuisé. Il sera toujours nerveux et impressionnable, jusque dans son autoritarisme. Il tomba malade sur son lit d'herbes sèches et de haillons. Les gamins secourus le secoururent à son tour, le veillant allant lui chercher des fruits pour apaiser sa fièvre, tandis que le vieux prodiguait ses lamentations. Suprême halte dans une case de terre battue ! Avant d'arriver à la cité sublime, il demeura plusieurs jours étendu, entre ce vieillard et ces enfants. Ainsi devait-il vivre toujours, entre une expérience qui ne lui serait pas personnelle, et une innocence délicieuse et misérable, mais tout enfiévré de visions et dans l'exaltation de se trouver au seuil du royaume de Dieu.

Enfin, il put reprendre sa marche, et soudain il vit l'énorme ville rougeâtre, bombée de coupoles, cernée de farouches remparts. Alors, il se jeta à terre et pria. Puis se relevant, il s'absorba dans une contemplation ardente et effrayée : l'apparition de cette ville sera toujours écrasante. Il marcha vers elle, sans perdre du regard sa funèbre silhouette crènelée. Elle s'élevait donc là, sous ses yeux, la cité de l'Histoire unique, celle qui n'est pour le croyant que le symbole délabré de la Jérusalem céleste aux murailles de jaspe, aux fondements de saphir, de sardoine et de chrysoprase, promise par le Voyant de Pathmos ; de la cité d'où sortira le fleuve d'eau de la vie,

limpide comme du cristal. Qu'il la regarde, la capitale de l'âme! Il ne la re-
verra plus. Et tout le reste de ses jours, il sera hanté de la Jérusalem céleste
qui surgira des nuages du Jugement... «Il n'y aura plus d'anathèmes... On y
apportera la gloire et l'honneur des nations... Il n'y aura plus de nuit. Il n'y
aura plus ni de lampes ni de lumière, parce que le Seigneur Dieu éclairera
ses serviteurs. Et ils règneront aux siècles des siècles.»

Poursuivait-il ce songe, en passant sous la haute poterne suintante qui s'ouvrait sur la ville? En tout cas, converti par l'effroyable vision de la peste, il
portait en lui une foi sombre, tournée vers les mystères terribles, qui trouvait enfin son cadre naturel, et que le séjour au milieu des souvenirs de la
Passion allait incliner davantage à de dures méditations. Aussitôt, guidé
par son compagnon, il parcourut avidement la cité mystérieuse. Joachim
se jetait à genoux aux endroits sanctifiés par le passage du Christ, baisait
la terre où coula jadis le sang rédempteur. De vieilles et touchantes tradi-
tions s'y perpétuaient encore, que consignait dans son récit, quelques années plus tard, le dominicain Brocard. Peut-être Joachim vit-il la colonne
de la flagellation, ou le rocher qui gardait l'empreinte de ses cheveux et
de son épaule qu'y laissa le Christ se levant pour aller au-devant de Judas.
Mais saisit-il vraiment le pittoresque de cette forteresse féodale campée
en plein Orient hostile? Vit-il, dans les ruelles étroites, le roi Baudoin
III, cet érudit somptueux, passer à cheval, en burnous doré, dans un hérissement de lances arabes? S'arrêta-t-il devant la tour de Montesyon où
la reine Mélisande fut rigoureusement assiégée par son fils? Regarda-t-il
avec curiosité ces métis élégants et fins, ces *poulains* fils de Francs et de
Syriennes? Que lui importaient les princes et leurs discordes? Partout il
cherchait Jésus. Mais le Saint Sépulcre, le paysage illustre et désolé où se
déroula le Sacrifice, ces énormes subtractions du Temple qui avaient vu le
sauveur chasser les marchands, cette vallée de Josaphat où résonnera le clai-
ron suprême, tous ces grands tableaux qui réalisaient, matérialisaient pour
ainsi dire sa foi, l'imprégnèrent pour jamais du sens historique. Cette possibilité de toucher de ses mains les pierres qui, jadis, furent une route pour
les témoins de la Rédemption, ces méditations au Jardin des Oliviers, sous
les arbres mêmes qui frissonnaient dans la nuit mémorable, le sauvèrent
des abstractions. Errant sur l'immense esplanade hérodienne où s'élevait le
Temple, il recevait l'impression du déroulement des âges et du cadre solide
des actes humains. Ce fut la seconde leçon, et non moins importante que
la première, de son pèlerinage.

Cependant, il s'attardait longuement dans les chapelles, et ce fut dans la plus illustre de toutes que ce sentiment nouveau prit toute sa valeur par le symbolisme d'un miracle. Un jour, en effet, qu'il priait dans l'église du Tombeau, il tomba subitement en extase et fut comme enveloppé d'une apparition rayonnante. Sortant d'une étrange lumière toute battante d'ailes, un ange lui ceignit les reins, tandis qu'un autre messager divin ouvrait devant lui le livre de l'Apocalypse et lui en révélait le symbole. Le prudent dom Gervaise qui rapporte ce fait d'après les Bollandistes ajoute avec une prescience curieuse des théories de la sublimation : « On sait d'ailleurs que sa pureté fut si grande, que de l'aveu de ceux qui l'ont connu à fond, et qui n'avaient aucun intérêt à le louer, on pouvait le proposer pour un modèle admirable de chasteté. C'est là, ce me semble, où aboutit toute cette vision qu'il eut au Saint Sépulcre ». Mais quoi qu'il en soit de ce freudisme avant la lettre, lorsque la lumière surnaturelle se fut évanouie, qu'il put apercevoir de nouveau les sombres pierres de l'église et les immobiles lignes de la réalité, Joachim avait voué définitivement sa vie à l'étude et à la chasteté. Ce ne fut pas en vain que les deux visiteurs célestes avaient serré la ceinture sur ses reins, ouvert le livre prophétique sous ses yeux.

Toujours escorté d'André, il quitta Jérusalem après y avoir vécu près d'une année dans le tremblement d'une présence ineffable et le sentiment particulier que donnent les grands vestiges historiques. Sans qu'il le comprît encore très nettement, son destin était fixé. Il voulait maintenant visiter les villages et les montagnes où Jésus mena la vie cachée de sa jeunesse, puis glissa, ombre sanglante, parmi les disciples rassurés. Ce fut ainsi qu'il erra dans la Galilée, vivant de charité. Il s'arrêta plus longuement à Bethléem, à Béthanie, à Emmaüs, cherchant dans ces localités misérables les purs souvenirs de l'Évangile, se mêlant parfois sur la route aux lentes caravanes. Je ne crois pas qu'il n'ait rien recueilli d'utilisable pour ses doctrines futures dans ces pérégrinations un peu fantaisistes, au cours de cet itinéraire spirituel qui ne tenait compte que des désirs de son âme. D'ailleurs, il restait déjà peu de ruines dans ces bourgades dont l'authenticité même, en ce qui concerne la géographie évangélique, est souvent douteuse : la ville qui devait rester toujours à l'horizon de sa pensée, c'était bien, décidément, la capitale du sacrifice, découronnée et muette.

Vers le début du carême, il se trouvait sur les pentes boisées du mont Thabor et résolut, en souvenir de la retraite de Jésus, de passer quarante jours dans cette montagne. Depuis longtemps, la petite ville d'Atalyrion qui couronnait jadis le sommet du Thabor avait disparu, mais il s'y dressait alors, au milieu des futaies, deux ou trois églises anciennes et, tache éclatante comme un fantôme dans les verdures sombres, le couvent tout neuf bâti par Tancrède. Sans doute Joachim dédaigna-t-il l'abri d'une cellule et préféra-t-il se retirer dans une grotte, le pratique André se ravitaillant au plus proche monastère. Ces antres où jadis se faufilaient, dans des nuits bibliques, avec un cliquetis étouffé, les guerriers de Barak, ces futaies maintenant peuplées de renards, grouillaient de spectres historiques. Une légende devait se forger plus tard sur cette retraite de Joachim dans la montagne de la Transfiguration, comme si l'un des rayons qui baignèrent sur ce même rocher Elle et Moïse fut tombé sur le pèlerin prosterné. Des admirateurs trop fervents glosèrent sur ces longues heures de solitude absolue et, mêlant à leur récit de ce carême le souvenir de la vision intérieure, racontèrent que le matin de Pâques, alors que les cloches monastiques sonnaient autour de lui, Joachim reçut d'un ange la science infuse. Il protesta lui-même, d'ailleurs, et nous noterons en son temps cette prudence qui le portait, alors qu'il traça de l'histoire humaine un grand schéma mystique, à n'accepter qu'avec réserve le surnaturel particulier. Mais ces heures lui furent mystérieuses et douces, et comme l'adieu chargé d'espoir de la Palestine. Du mont Thabor, la vue admirable s'étend sur une partie de la Terre sainte et, dans les promenades solitaires dont il coupait ses méditations, il contemplait un paysage indéfini. Vraiment une atmosphère de merveille et de calme l'enveloppait ; cette terre, aperçue en bas avec ses bourgades et ses eaux, avait vu passer le sauveur ; les monastères qu'il entrevoyait entre les arbres, rappelaient la Transfiguration. Et peut-être à l'endroit même où il s'arrêtait, ému par l'immense paysage, le Christ devint-il soudain lumineux, s'élevant au-dessus du sol sur des nuages de gloire tandis que les apôtres tombaient dans la poussière. N'eut-il pas la pensée, quelquefois, comme ceux-ci, de planter là sa tente et d'y vivre toujours dans l'ivresse de la contemplation et de la certitude ?

S'il fut effleuré de cette pensée de repos, il ne s'y complut nullement. Son caractère était déjà instable, son âme inquiète. Ses biographes peuvent bien, avec le désespoir de l'admiration, nous le dépeindre affable, et humble. Mais çà et là, perce un trait révélateur. En réalité, il fut violent et incertain. Violent, il sut se dompter, ne laissa plus, finalement, apparaitre qu'une autorité un peu dure. Mais, inconstant, il ne supporta jamais un joug définitif. S'arrêter sur la montagne ? Il ne s'arrêtera jamais. Il ne s'arrêtera que lorsque le rayon du couchant l'aura frappé, pour s'étendre sur son grabat et mourir. Et puis, cette Galilée tranquille et morte, fleurie au printemps de toutes les fleurs du lin, si verte d'immenses pâturages, tachée et animée de troupeaux errants, il ne pouvait pas en aimer le décor. Il lui faudra pour environner ses songes tragiques les gorges profondes, les sombres forêts, les torrents sifflant en lanières de discipline, des montagnes calabraises. L'ange du sépulcre lui a tendu l'apocalypse. Le Christ qu'il a rencontré dans son voyage n'est pas celui du Thabor, vêtu d'une tunique de neige, mais celui de Jérusalem qui prédit la destruction du Temple et la venue de son Père. Voilà quelle vision il emporte. Chassé du monde par les vapeurs de la peste et la pourriture du tombeau, il y rentre en annonciateur du Juge.

Quittant le Thabor, il reprit le chemin d'Europe. André le suivait, heureux sans doute de son voyage, mais satisfait de retrouver sa hutte paisible. Du passage des pèlerins en pays barbaresque, nous ne connaissons qu'un détail, à la vérité pittoresquement significatif.

Ils erraient de ville en ville, des crocs de chiens aux jambes, suants et dépenaillés, récitant des psaumes et mendiant aux portes leur ration. Une tendre après-midi d'automne, dans une jolie ville fardée, crènelée et délicieusement barbare, certains habitants, trop bien intentionnés, signalèrent à ces dévots en loques une veuve célèbre par ses aumônes qui, riche et belle, offrait volontiers l'hospitalité aux pèlerins. Joachim et André se dirigèrent vers la demeure indiquée. La veuve songeait, sous une treille de muscat, et Joachim la salua.

Sans doute, les longues boucles qui le rendaient si séduisant, à la cour de Roger II, avaient-elles repoussé pendant ses longues errances, sans doute, malgré les privations, l'âme de la jeunesse brillait-elle dans les yeux du beau pèlerin, et ces privations mêmes n'avaient-elles rendu cette beauté que plus intéressante ; peut-être aussi, ce soir-là, le couchant faisait-il jouer dans le fleuve de plus sensuelles chimères. La veuve reçut le coup de foudre. Cette femme d'expérience parait d'ailleurs avoir été aussi une personne de décision. Elle commença par faire promettre aux voyageurs de se reposer plusieurs jours chez elle, les fit baigner, leur octroya des chambres. Et, dès le repas, Joachim, épouvanté, ne put conserver aucun doute : les mets se révélaient épicés, la dame peinte parlait de sa solitude avec d'habiles soupirs et ses yeux allongés se noyaient de souvenirs onctueux. De tous côtés, des glaces se répondaient, Joachim était environné, pressé, d'innombrables et pareilles images d'une seule tentation. Cent femmes, mures et charmantes, habillées de vives couleurs, multipliaient autour de lui les mêmes gestes... Le malheureux jeune homme, qui ne demandait pas que la charité de l'hôtesse allât jusqu'au don de son corps, se sentait perdu. Allait-il sombrer ? À la peste, s'opposait le plaisir. Son pèlerinage s'arrêterait-il là, si brutalement? Après le repas, il chercha vainement à s'évader. Toutes les portes étaient barricadées. Alors, il se réfugia dans sa chambre, et n'écoutant ni les pas rôdeurs, ni les appels sourds, ni les frôlements de main à la porte, passa la nuit en prières. Puis, dès que l'aube parut, montreuse de chemins, il sauta par la fenêtre et s'enfuit.

Ne sourions pas, à cette page, du pudique pèlerin. Sans doute avait-il raison. La virginité est utile aux prophètes. Il risquait, pour quelques nuits de plaisir, un don mystérieux. Les charmes frelatés et les artifices blets d'une femme murissante auraient rompu cette sublimation de ses sens commencée à Constantinople et qu'il devait poursuivre dans les solitudes farouches de Sylla. Sa force était dans cette négation. Écrivant, précisément, de l'apôtre dont Joachim devait approfondir l'œuvre sibylline, Victor Hugo a magnifiquement parlé des visions qui hantent les hommes chastes : « On n'échappe pas à l'amour, disait-il. L'amour inassouvi et mécontent se change à la fin de la vie en un sinistre dégorgement de chimères. La femme veut l'homme. Mais l'homme, au lieu de la poésie humaine, aura la poésie spectrale... L'Apocalypse est le chef-d'œuvre presque insensé de cette chasteté redoutable. » Les spectres qui montent des nuits vierges guettent déjà le jeune homme qui vient, sur la route orientale, de refuser à jamais l'amour.

Joachim parvint en Sicile sans nouvelles alertes. Il eût pu, ayant accompli un pieux et rude pèlerinage, reprendre sa place dans le monde avec seulement une foi plus éclairée, une dignité plus grande. Mais son imagination avait été trop violemment frappée. Il ramenait avec lui une nouvelle et définitive patrie dont il ne pouvait plus sortir. Cette terre chaude et puissante, avec son parfum de citronniers et de laves, avec ses ruines de temples dont les colonnades évoquent la splendeur païenne, offusquait ses yeux pleins du souvenir des paysages évangéliques où tout est spirituel et funèbre. En face des villes aux fêtes sarrasines qui baignaient dans la mer lumineuse, il évoquait la vallée de Josaphat pavée de tombeaux, sur laquelle tomberont le soir rouge du Jugement et l'appel des clairons angéliques. *Testet David cum Sibylla.* Un immense dégout dut l'envahir. Qu'irait-il faire dans ces villes maudites? La reconnaissance même ne l'y attirait plus. Roger II, son protecteur, était mort. Il voyait dans la dépravation de cette cour le prélude de la catastrophe. Ce monde ne pouvait durer. L'heure allait sonner que prédirent le roi juif et la voyante païenne. Les souvenirs horribles de la peste lui revenaient : tous ces courtisans orgueilleux, toutes ces femmes peintes, il les voyait tourner, sous les plafonds étincelants, comme les squelettes d'une danse macabre... Que seulement un pèlerin pustuleux, embarqué sur un de ces navires dont il voyait grandir les voiles à l'horizon entrât dans ces ports, et demain, que seraient-ils ? Il frissonnait d'épouvante. Les seigneurs qu'il connut se dressaient, le masque grumeux, gonflé de bubons, suintant le pus, le ventre creusé de diarrhées crissantes, tous hantés d'hallucinations. Et les belles femmes qu'il admira dans son adolescence lui apparaissaient frissonnantes avec au cou, à la place des colliers de pierreries, un cercle de charbons gangréneux. Ils riaient, ils chantaient, ils aimaient, alors que la foudre errait dans le ciel. Il se retira au fond d'une caverne et pria pour ces insensés. André courait aux provisions et s'assurait d'eau fraiche qu'il conservait dans les jarres brunes.

Cependant Joachim craignait que le bruit de son retour ne se répandît, et quitta la Sicile. En traversait la Calabre, soucieux d'éviter sa famille et de conserver toute liberté d'action pour son avenir religieux, il décida de contourner Cosenza, qui se trouvait sur sa route. Mais André l'accompagnait. Moins détaché que Joachim des minimes voluptés du monde, préférant à la siccità du désert la fraicheur des vergers calabrais, notre ascète vola, par un brulant après-midi, des fruits gonflés d'eau parfumée. Ce fut une émeute. Des paysans l'avaient aperçu, se jetèrent sur lui, le trainèrent jusqu'à la ville, tout barbouillé, avec force bourrades. Joachim crut devoir escorter son indésirable compagnon et s'efforça d'arranger l'affaire. Il fut reconnu. Sous peine d'être défavorablement jugé, il ne pouvait plus éluder une explication, d'ailleurs difficile, avec son père. Abandonnant, avec une mercuriale pour viatique, son ascète absout et roué qui s'éloigna le visage strié de larmes gluantes, il se rendit à Célico.

L'entrevue entre le notaire vieilli et son fils émacié, vêtu de hardes, dont le compagnon venait d'être arrêté pour larcin, fut orageuse. Tous les efforts du petit-bourgeois pour pousser son fils à la cour de Sicile, pour lui faire franchir une étape sociale, en arrivaient donc là ! Ce gaillard hirsute, aux mains abimées par le travail, aux pieds nus dorés de bouse sèche, c'était donc ce blond et gai chevalier qui partait, deux ans plus tôt, en bruyante chevauchée ? Il ne comprenait pas cet effet de la peste. Il fut éloquent et amer. Joachim demeura intransigeant. Finalement, il ne semble pas que le tabellion ait montré la dureté d'âme, l'incompréhension mercantile et rapace qu'un drapier d'Assise devait immortaliser, près d'un demi-siècle plus tard, au cours d'une scène semblable. Il s'inclina devant cette volonté mystique et pure qui venait de résister aux fatigues du voyage sacré, à l'appel des plaisirs habiles, à l'appât de l'orgueil, devant ce rayonnement de visionnaire que le jeune homme rapportait de la Terre du Christ. Désormais libre, Joachim réfléchit sur la décision à prendre. Tout désir terrestre était mort en lui. Il n'alla même pas revoir, près de la Carnavine qui riait, sanglotait, chantait au fond du bosquet fleuri, la pierre plate sur laquelle, allongé, il pleurait jadis d'une angoisse inconnue. Une force sombre grandissait en lui.

III

n quittant le clos paternel, Joachim abordait l'heure dangereuse de sa vie. Il n'était plus dans le monde ; il n'était pas
encore dans les ordres. Voyageur paradoxal, c'était au terme
de son voyage qu'il rencontrait un carrefour. Son esprit inquiet, ses souvenirs de Terre sainte, cette humeur indépen-
dante dont ses biographes huilèrent en vain les grincements le poussaient
à demeurer le plus longtemps possible dans cet état instable. Toujours il
sentira le souffle chaud du désert qui pousse le nomade, comme toujours
il sera hanté de ses mirages. Errant spirituel, il eût été perdu. Réfugié dans
quelque forêt, sous une cabane de boue séchée, il eût renouvelé, dans le
même paysage, l'aventure de saint Nil ou de ces anachorètes farouches qui
vivaient sans souci de Rome, cent ans auparavant, au milieu des solitudes
calabraises. Mais l'ascétisme de saint Nil apparaissait une expiation : dans
un désert furieux il zébrait de lanières une chair jadis enivrée, et du moins
la célébrité de ce supplice volontaire attirait-elle des foules interrogatrices
vers ce martyr de son propre passé ; mais les cénobites grecs des cavernes
apennines, qu'avaient-ils laissé, retirés en marge de la chrétienté, saintetés
stériles et sanglantes qui ne provoquaient qu'une admiration étonnée et
lointaine ? L'exemple, seulement, d'une indépendance fâcheuse, dont l'imi-
tation par de trop nombreux disciples eût rongé sournoisement la grande
discipline catholique. S'il eût imité ces ascètes, Joachim, sans étude théologique préalable, sans règle monastique qui le retint, manquait sa destinée. Il n'était plus que pittoresque. Il restait en marge de l'Église, sur la
marge du missel coloriée et sans voix. Il évita, ne le distinguant peut-être
pas d'ailleurs très clairement, ce danger initial, mais ne l'évita tout d'abord
qu'à demi. Quittant sa famille, il entra en effet à l'abbaye de Sambucine, au
simple titre d'adhérent temporaire. Il va, de la sorte, perdre de précieuses
années, risquer de s'égarer sur sa vocation et de compromettre sa carrière
spirituelle. Son inquiétude l'emporte : il craint de se fixer.

Sambucine relevait de l'Ordre de Cîteaux. Bâtie dans un sombre paysage,
tout près de Cosenza, elle élevait sa flèche simple et ses bâtiments cellulaires
au milieu de grasses prairies et de riches fermes. La règle cistercienne était

fort dure, règle où saint Bernard avait affirmé tout son mépris des moines dégénérés, tout son dédain de la science inutile, toute son horreur du corps misérable. Le moine entré dans ces grands cloitres de silence et de chasteté renonçait vraiment à tout bien terrestre. Hâve, lentement parcheminé, il portait le cilice, se vêtait d'une robe de laine grattant la peau, odorant le suint, parfois fourmillante de poux. Il vivait de pains grossiers de légumes, de feuilles bouillies à l'eau, ne buvait presque jamais de vin. Il dormait tout vêtu sur une paillasse, dans un dortoir. Ainsi, lancinant supplice, n'était-il jamais seul, et, gêne plus supportable, ne possédait-il rien en propre. Toute la tragédie profonde, toute la force d'airain des ordres monastiques, réside en ces deux règles terribles, d'un communisme exaspéré et d'un mysticisme brulant, qui renient toute humanité. L'esprit de saint Benoît, imprégné de ce gout de l'absolu qui caractérisait sa réforme, s'abimait dans la contemplation de Dieu et de ses mystères en dehors de toute préoccupation charnelle. La vie du cistercien devait sempiternellement ressembler à l'église où, voix anonyme dans le chœur des voix, il chantait les psaumes, à l'église sans ornement, sans art, sans spectre multicolore, d'une blancheur infinie où ne rayonnait que le tabernacle. Par opposition au moine noir de Cluny, relâché du dur labeur et rapproché du siècle par l'aisance de ses vêtements et la liberté de sa vie, le moine gris devait réserver chaque jour au travail des champs plusieurs heures consécutives et se plier à une sévère exactitude.

Joachim, nous venons de le voir, considéra ce cloitre où il pénétrait sans idée bien arrêtée comme une simple étape de sa carrière monastique. Il n'y prononça aucun vœu, s'assimila de lui-même, par une comparaison inexacte, à un frère convers. Il y avait encore en lui du franc-tireur qui s'agrège momentanément à une troupe régulière pour combattre l'ennemi commun. Et s'il fit plus tard profession régulière dans un ordre, il ne put être, jamais, dans la réalité, que franc-tireur, ou que chef. L'abbé lui confia la charge de portier. À ce titre il habitait, appuyée au mur, près de la porte, une cellule étroite dans laquelle il devait se confiner de laudes à complies. Il ouvrait au passant qui heurtait l'huis, lui répondait *Deo gratias* à travers le judas et lui demandait sa bénédiction, puis le recevait à genoux dans sa loge minuscule. Il distribuait des aumônes aux pauvres et gardait toujours près de lui des petits pains. Cette constante leçon d'humilité qui limait, par petits rappels rêches et mordants, son âpre caractère ne fut pas perdue pour lui. Mais son poste offrait de plus un véritable symbole. De sa fenêtre oblique, et de son guichet grillagé, il voyait le passage blanc de la route. Il demeurait tout près de la sortie, maitre des verrous. Il ne refermait pas encore définitivement sur le monde la lourde porte qu'il gardait.

Arrêté à ce stade incertain de la profession monastique, il semble donc non seulement n'avoir tiré de son voyage en Terre sainte nul profit, mais avoir même hésité sur la direction de sa carrière religieuse. Il ne donne aucune suite aux préoccupations qui l'obsédaient pendant son séjour à Jérusalem, ne s'attable pas aux études préliminaires indispensables, aux recherches d'exégèse. Il se confine dans ses fonctions de portier, ou bien va prêcher dans les proches villages. Le temps passait dans cette incertitude morale. Mais les souvenirs peuplaient toujours son subconscient. Alors une nouvelle apparition vint lui rappeler, avec une mystérieuse insistance, le signe des anges du Saint Sépulcre. Une après-midi qu'il méditait dans le jardin du couvent, un homme pétri d'une chair de lumière s'avança vers lui, sous les arbres conventuels, et lui tendit une coupe lourde d'un vin bizarre. Joachim prit la coupe, en but quelques gorgées, puis la rendit, à demi pleine, à l'échanson inconnu. Alors celui-ci, la voix amère, s'offusqua : « Si vous aviez tout bu, dit-il, je ne sais pas de science au monde dont vous n'eussiez été parfaitement instruit ; maintenant, vous n'aurez que l'intelligence des Écritures ». Et, brusquement, il disparut. Joachim demeuré seul dans le jardin silencieux, fit quelques pas, toucha les buis pour s'assurer qu'il ne rêvait pas. Regretta-t-il de n'avoir pas achevé son geste ? Qui sait ? Les longues recherches, le dur travail sont le prix de la science. Tout découvrir sans labeur serait-il un plaisir ? Peut-être la coupe remise entre ses mains, en eut-il répandu le liquide dans l'allée ? La grandeur de l'homme, c'est de chercher.

De temps à autre, cependant, il prêchait. À Rhenda, il obtint même un grand succès d'orateur sacré. Mais aussitôt l'inquiétude de son esprit qui donna déjà tant de force aux scènes de Constantinople, le reprit, le troubla. Il se demanda, et d'ailleurs avec quelque logique, s'il pouvait prendre la parole dans les églises sans la délégation de ses supérieurs. Avec moins de logique, en tout cas un sens assez faux de la discipline, il sembla tenir pour nul l'avis de l'abbé du monastère, et se rendit tout droit chez l'évêque de Cantazano, sous la juridiction duquel il se trouvait placé. Nous saisissons ici, pour la première fois, ce penchant qui lui portera si cruellement préjudice plus tard, d'en appeler toujours directement à l'autorité suprême, sans en référer à ses supérieurs immédiats. Dès qu'un problème moral se posera pour lui, il ne se préoccupera pas du chapitre de son monastère, il ne demandera pas conseil à l'abbé de l'ordre, mais il se mettra aussitôt en route vers la puissance la plus haute, et donc la plus lointaine. Il unira ainsi, dans une révolte latente, dont il ne percevra pas le sentiment anarchique, son horreur secrète du joug et son gout décidé pour une sorte de bohème spirituelle.

En réalité, il marchait à son destin. À ce premier départ de son premier couvent, il fit halte à l'abbaye de Curace, cloitre de l'obédience de Cîteaux, monastère dont la fondation était toute récente. Sur la route de la ville épiscopale, il trouvait le seuil des renoncements définitifs. En effet, l'abbé Colomban qui dirigeait alors la nouvelle abbaye, désirait augmenter le personnel de cette jeune cellule, et voulut embaucher l'hôte de passage. Il n'eut guère à insister pour que Joachim acceptât de revêtir la robe grise des Cisterciens. À vingt-six ans, trois ou quatre ans après sa conversion subite, le pèlerin quittait le siècle.

Les années d'apprentissage qui suivirent cette entrée dans les ordres sont pour celui qui veut retracer son histoire, à peu près vide d'intérêt. Elles coulèrent dans un noir silence, comme celles de tant de moines oubliés. Elles manquent de vie. Rien ne pénétrait des préoccupations extérieures dans sa cellule blêmie à la chaux. Ce furent des années d'école. À vrai dire, il dut tout apprendre. Il n'avait guère été jusque-là qu'un mystique errant, tirant de ses propres effusions les éléments de sa vie spirituelle : il lui fallait devenir un savant immobilisé sur ses recherches. Son labeur fut immense.

Le cadre de son travail se trouvait déjà tout tracé. La raison de sa conversion, son voyage en Palestine, ses visions le commandaient ; il avait l'esprit mystique et le sens historique. Il se spécialisa dans l'étude des Saintes Écritures. Par contre, il n'approfondit pas la théologie proprement dite. Théologien de second ordre, dira Renan ; et, par ailleurs, ce qu'il sut de théologie pure demeura toujours fortement imprégné des thèses de l'Église grecque. Pouvait-il, d'ailleurs, s'y adonner au sein d'un ordre où se prolongeait, pour cette science aussi bien que pour la scolastique, l'aversion de saint Bernard ? Joachim dut, plus d'une fois, entendre répéter par ses frères, avec Othloh de Saint-Emmoran, que la connaissance de l'Écriture était la vraie science et non la connaissance de la dialectique. Il travailla les Saintes Écritures avec cette subtilité des hommes XIIe siècle qui ne voyaient dans la réalité que des symboles et n'acceptaient les évènements que comme des images. L'histoire lui apparaissait comme un grand drame mystique. Les moindres détails de l'Univers se transposaient pour lui en prophéties ou en leçons morales. Le supplice d'Aman préfigure la défaite de l'antéchrist. Les hirondelles qui tournoient au-dessus de Tobie endormi, ces oiseaux qui volent tantôt dans les hauteurs du ciel, tantôt au ras du sol, ce sont les docteurs de l'Église qui tantôt montent, pour les esprits élevés, vers les spéculations supérieures, tantôt s'abaissent jusqu'à l'intelligence des humbles. Le rivage de la mer, ce sont les hommes qui, placés entre deux états spirituels, ne sont ni tout à fait chrétiens, ni tout à fait infidèles. Les planètes elles-mêmes emportaient des symboles dans l'espace : Saturne glacé, aux confins de l'Univers, figurait le vieil Adam exilé du Paradis terrestre. Ainsi poussait-il à l'extrême l'intellectualisation de la vie et du monde.

Certes une telle conception amène des allusions charmantes, des images neuves et vives. Mais elle manque, chez lui, de l'émotion qu'y eût mis le moindre brisement de cœur. Il ne court pas secrètement dans son œuvre le frisson de tendresse humaine qui en eût détendu l'ardeur intellectuelle. Nous ne trouverons près de lui ni une sainte Claire, ni ce touchant « frère Jacqueline », cette noble dame romaine qui, avertie par une prémonition secrète, accourut vers saint François mourant afin de lui préparer pour la dernière fois cette crème aux amandes qu'il aimait, et lui porter un linceul tissé dans la laine d'un agneau blanc. Ces chastes et doux épisodes manquent à l'histoire de l'ermite de Sylla. Il ne bat autour de lui que des ailes de rapaces ou des pennes de foudre. Il remâche des anathèmes. Il revoit les cadavres pourris dans les rues de Constantinople et les coupoles de Jérusalem sur des couchants d'orage. Ces années silencieuses où il accumule note sur note sont l'apprentissage amer et solitaire d'un prophète.

Mais, s'il dépouilla toute humanité, il fut dès les premiers jours un moine selon le cœur de Saint-Bernard, scrupuleux, d'une piété noble et parfaite. Ayant éprouvé à Sambucine la dureté de la vie imposée par la règle de Cîteaux, il l'accentua ici en toute connaissance de cause. Il avait été ordonné prêtre par l'évêque de Catanzano. Suivant avec une exemplaire régularité tous les offices, il trouvait la liberté nécessaire dans les jeux de son esprit. Son inquiétude, son humeur, avaient d'ailleurs leur échappatoire dans les recherches difficiles, qui calment la pensée, et dans les saintes colères contre le monde, qui soulagent le cœur. Délivré de tout souci, pris par la fièvre des premières études, hanté lentement par des visions de plus en plus grandioses, il vécut là certainement une période délicieuse, fraiche comme une prairie close de haie ; saint Anselme avait connu ces heures de paix et cette joie du travail, alors qu'il était prieur de l'abbaye du Bec, dans la grasse atmosphère et le riche silence d'un paysage normand. Des années passèrent ainsi, muettes et méditatives, tournées avec calme comme ces pages de missel qui entourent d'une floraison mystique et du vol diapré des symboles l'office du jour. Il dut comprendre alors toute la force monastique du renoncement, évoquer la première vision de cet avenir des grands ordres sur lequel il appuya plus tard son espoir du renouveau, son attente du troisième âge chaste, et intellectuel.

Cependant, son aisance, une finesse attentive qui n'était sans doute que la transposition de la courtoisie de l'ancien page de Roger II, une autorité qui n'était probablement que le substitut d'une humeur difficile, les murmures qui commençaient de se répandre, dans le monastère et en dehors, sur les visions de Jérusalem et de Sambucine aussi bien que sur les travaux mystérieux qu'il poursuivait, attirèrent l'attention d'abord, la sympathie mêlée de respect ensuite, de ses frères. Ce fut ainsi que tout naturellement, au décès du prieur, l'abbé le désigna, sur l'avis des moines vétérans, pour remplacer le défunt. Les fonctions du prieur, dans les abbayes cisterciennes, consistaient surtout à remplacer l'abbé pendant ses absences, et ne comportaient en somme que de minimes responsabilités. Aussi Joachim accepta-t-il sans trop de difficultés d'administrer en sous-ordre. Mais lorsqu'au trépas de l'abbé les moines l'élurent par inspiration — selon la formule ecclésiastique, — pour prendre la direction même du couvent, il s'épouvanta.

Le titre d'abbé, qui brillait dans la hiérarchie religieuse immédiatement au-dessous de celui d'évêque, conférait à vrai dire, avec des pouvoirs que venait d'étendre encore le règlement de saint Bernard, de lourdes charges. L'abbé dirigeait la vie temporelle et spirituelle de l'agrégat monacal qui s'était confié à lui en pleine indépendance, paissant les âmes, gérant les vastes domaines, les grasses fermes, n'ayant à consulter ses moines que pour avis, et prenant seul toute décision utile à l'avenir de la seigneurie cléricale qu'il représentait dans le monde. C'était, en somme, un poste politique, austère et puissant. Ces abbés du haut moyen âge nous apparaissent, dans leur humilité, comme des potentats mystiques. Leur crosse était un sceptre courbé, mais un sceptre. Joachim allait devoir donner audience aux hôtes, les recevoir, et, par conséquent, bénéficier d'une sorte de maison à part, avec deux cuisiniers spécialement affectés à l'entretien de sa table. Il allait désigner les titulaires des différentes charges à l'intérieur du monastère et négocier lui-même, au-dehors, avec les pouvoirs laïcs. Or, d'un côté, le gouvernement d'un monastère n'était pas chose aisée. Un cloître simulait un microcosme, un monde clos avec ses clans minuscules, ses ambitions presque invisibles, et tous les minces défauts qui s'exacerbaient dans cet éminent bouillon de culture. D'un autre côté, les tractations avec les puissances séculières offraient d'insupportables inconvénients. Ce mélange de confesseur, de grand propriétaire terrien, et de directeur de banque l'effraya. À mieux approfondir, il est surtout probable qu'il vit dans cette dignité une charge qui l'éloignerait de cette carrière scripturaire où d'étranges signes l'engagèrent avec de telles insistances. Ainsi donc, à peine commençait-il à entrevoir le plan de ses futurs travaux, les grandes lignes d'une interprétation sublime de l'histoire, qu'il lui faudrait quitter sa table, s'occuper de transactions de payements, s'adonner à une besogne d'administrateur ? Il ne le pouvait pas. Et comme il lui parut difficile de refuser nettement cette élection faite par acclamations, il choisit tout naturellement l'échappatoire qui lui était la plus familière. Le souvenir des bonnes grandes routes où l'on marche inconnu, en récitant des psaumes, le hanta jusqu'à l'angoisse. De nuit, pour ne pas être reconnu, il s'enfuit.

Ce fut à l'aube, quand s'éveillent les moines, un beau tumulte dans l'abbaye de Curace. En un clin d'œil le dortoir fut au courant. Le cloitre bouillonna. Des hypothèses successives furent émises dans les groupes. Quelques frères, de plus vive imagination, supposaient qu'il était parti, par étapes hâtives, pour l'Orient, afin de se consacrer à la vie érémitique dans une laure syriaque, parmi ces ascètes dont il parlait si magnifiquement le soir, sous les arceaux du cloitre, à l'heure où les cyprès dressent sur le couchant un opaque décor d'outre-mer. D'autres, d'une psychologie plus rapide, affirmaient qu'il avait voulu seulement échapper à une dignité trop pesante, et se cachait non loin de Curace. Le chapitre s'assembla pour conférer de cet évènement inattendu. Il est à supposer qu'il y eut, pendant ces jours d'interrègne abbatial, quelques infractions à la règle cistercienne du silence.

Cependant le prieur avait fui dans la nuit noire, par les fraiches prairies. Il marchait vite, les pieds nus dans la rosée, tout allègre de son indépendance reconquise, humant dans l'air glacé comme le souvenir des longues étapes palestiniennes. Comme il les aimait, ces routes où la méditation sent que l'horizon recule toujours indéfini comme la recherche, ces bonnes routes qui, pour les âmes inquiètes, ont des tendresses de sœurs ! À chaque fois qu'il doutera de lui-même, malgré la règle, malgré ses supérieurs, il ouvrira ainsi la porte de son cloitre ; il les reprendra, les routes chères à tous ceux qui portent en eux leur patrie éternelle. Sa robe grise s'alliait à la couleur de leur poussière. Il marcha vite. Il marcha longtemps. D'abord, il se cacha dans l'abbaye de la Sainte-Trinité, proche d'Acry, ville du diocèse de Bessiguia. Mais il craignit d'être découvert, songea bientôt à son premier asile, à l'abbaye de Sambucine. Il s'y rendit, jugeant qu'il trouverait là, parmi ses anciens frères, une sure connivence.

Il se trompait. Les moines parurent stupéfaits de voir leur ancien portier parti un beau matin, quinze ans plus tôt, pour obtenir de son évêque licence de sermon, leur revenir furtivement sous les ombres d'un soir en abbé fugitif et protestataire. Si les moines de Sambucine n'avaient pas jadis apprécié à sa juste valeur ce néophyte tout jeune et sans doute encore d'humeur inégale, leur méfiance préventive s'accrut encore du fait de ses explications; ils entrevirent immédiatement des difficultés avec leurs frères de Curace, et quelques exemples un peu vifs empruntés aux chroniques d'alors nous montrent que ces difficultés se réglaient parfois à coups de bâton. Il eût pu résulter de l'asile accordé toute une petite guerre d'abbaye à abbaye. Les Sambuciniens faillirent donc lui fermer au nez cette porte claustrale qu'il ouvrait jadis en murmurant la formule rituelle. Mais en vrai monastère cistercien Sambucine se trouvait éloigné de toute agglomération. La charité l'emporta : les moines consentirent à le loger pour une nuit. Dès le jour reparu, Joachim argumenta de nouveau, se montra pressant et persuasif. Conquis par son autorité impérieuse, ils l'autorisèrent enfin à demeurer avec eux. Il respira.

Presque aussitôt, une missive lui arriva. Les administrés de Joachim avaient eux aussi pensé à Sambucine. Ils le prévenaient donc que l'assemblée des frères se refusait à le remplacer. Jusqu'à son retour, dont nul ne voulait douter, la stalle de l'abbé resterait donc inoccupée à Curace, au détriment de la bonne tenue de l'abbaye : ses moines verraient ainsi quelle vertu l'emporterait en lui, d'une humilité faussée qui perdait un monastère, ou de la charité véritable qui les sauverait tous. Joachim ne répondit pas. En présence de ce refus silencieux, une députation monastique se présenta quelques jours plus tard à Sambucine, conféra longuement avec le récalcitrant, le supplia, mais en vain. Quelques-uns des orateurs furent amers. Toutes prières furent inutiles : dans la cellule qui abritait ses affabulations ardentes, Joachim s'était retranché comme en une forteresse spirituelle. Les députés de Curace ne purent que faire connaître à leurs frères l'insuccès de leur démarche. Ceux-ci s'agitèrent, intriguèrent dans les bourgs et les châteaux environnants, représentèrent aux prêtres, aux seigneurs, aux commerçants l'importance pour la région d'avoir un monastère dirigé par un saint. Leurs récriminations émurent. Des intérêts féodaux se mêlèrent vite à ces hypothèses monacales. Alors une seconde députation empanachée et pressante débarqua à Sambucine, composée de représentants de la noblesse de Cosanza, puis une troisième, plus grave, plus contentieuse, toute hérissée d'arguments juridiques, où figuraient des magistrats. Les moines de Sambucine commençaient à se demander s'il ne devenait pas urgent de faire agrandir l'hôtellerie, et devaient pieusement envoyer Joachim au diable. Les frères cuisiniers étaient sur les dents. Des émissaires allaient et venaient, du bâtiment où les députés tenaient leurs assises jusqu'à la cellule du reclus. Dans les corridors, l'on rencontrait les gestes éperdus de vastes manches près de l'obstination froide de bras croisés. Sous les cyprès du jardin s'éternisaient des conciliabules. Personne ne comprenait ce saint homme. L'abbé, le prieur, ayant hâte de retrouver la paix, joignaient vainement leurs instances à celles de cette horde de moines et de dignitaires. Joachim, têtu, ne voulait rien entendre. Il se cramponnait à sa solitude. Tandis qu'on lui parlait direction spirituelle et fermage, il songeait à l'Apocalypse de saint Jean. Il affirmait, au milieu de ces gens pratiques et de ces saintes gens, l'entêtement farouche de l'intellectuel. De sa fenêtre, il pouvait apercevoir, avec le symbole de ses arbres enracinés profondément dans le sol, l'allée où, des années plus tôt, jeune frère convers, il avait rencontré le messager mystique, l'ange qui lui tendit la coupe. La situation s'éternisait. Alors ses solliciteurs en appelèrent à l'archevêque de Cosenza. En tant qu'abbé, Joachim dépendait encore de l'ordinaire. L'idée était excellente, et le geste s'avéra décisif. L'archevêque ne s'embarrassa pas, pour réduire Joachim, de souvenirs bibliques ni d'argumentation économique. Il parla tout net d'excommunication.

La menace était terrible. Le rituel de l'excommunication prenait, au XIIe siècle, une grandeur funèbre. Joachim put évoquer la scène, entendre les cloches sonner le glas, l'évêque prononcer les formules qui le retranchaient de l'Église, voir dans le chœur sinistrement dénudé douze prêtres jeter à terre leurs cierges jaunes et, du pied, en écraser symboliquement la flamme. Il s'inclina.

Les députations le ramenèrent à son abbaye en cortège victorieux. Ses frères agitaient des branches d'arbres. Haillonneux, il avançait au milieu d'un jardin en marche, dans un triomphe feuillu. Le fulgurant archevêque vint en personne le féliciter sur les marches de Curace. Il rentrait abbé dans ce monastère où, quinze ans plus, tôt, jeune homme errant sur les routes mystiques, il s'arrêtait en hôte d'une heure. Cette lutte d'humilité avait eu d'ailleurs dans le monde ecclésiastique un retentissement profond, et Dom Gervaise, qui l'a contée avec son onction coutumière, signale que Clément III décida plus tard que tout religieux de l'Ordre de Cîteaux canoniquement élu à une charge serait désormais tenu de l'accepter ; le futur cellulaire de Notre-Dame-des-Reclus ajoute d'ailleurs avec une ironie mélancolique :

« Bulle aujourd'hui assez inutile, tant il est vrai que les temps apportent de grands changements dans les mœurs. »

Les moines de Curace ne purent que se féliciter de leur choix têtu. Leur abbaye devint vite célèbre dans toute la péninsule, et même, au-delà, parmi tous les monastères de l'ordre. Joachim était, en effet, de ces hésitants qui, placés de force au poste qu'ils refusaient par timidité ou par crainte d'un dérangement dans leurs habitudes, s'y montrent admirables de hardiesse et de fermeté. Il s'aperçut vite que, bien secondé, il pouvait parfaitement réserver quelques moments chaque jour à ses études particulières. Il se résigna donc vite à sa nouvelle dignité. Émergeant enfin de la foule monacale, réapparaissant en bure dans le siècle quitté jadis au fracas soyeux d'une cavalcade, il sut mêler à une habileté de gestion digne d'un fils de notaire, une fine diplomatie rappelant le jeune courtisan de Roger II. Tout en ne reculant pas, aux heures de charité, devant de hasardeuses opérations financières dont il confiait à Dieu la réussite future, il mena sagement le temporel de sa communauté, l'enrichit grâce à ses relations avec les grands seigneurs de Calabre, procura à l'abbaye une autorité de plus en plus forte, et lui assura une indépendance lentement grandissante jusqu'au jour où, réalisant enfin son long projet, il put la soustraire à la juridiction de l'évêque. Avec un zèle supérieur encore, il s'occupa de l'enrichissement spirituel, veillant à ce que ses moines observassent toutes les vertus générales et toutes les prescriptions particulières de la règle cistercienne, non pas avec l'exactitude requise, mais avec la ferveur souhaitée. Ainsi, visionnaire pratique, créait-il dans la solitude sauvage de ces forêts calabraises une émouvante cité de Dieu.

Cette œuvre, il la dominait de sa figure déjà puissante d'ascète et de saint.

Pendant ces années de silence et d'ombre où nous ne pouvions que l'entrevoir, il avait acquis une richesse intellectuelle et ascétique admirable. Déjà, il magnifiait toute chose par son sens aigu des images. Déjà il commençait, par l'habitude de chercher aux versets de l'Apocalypse des traductions spirituelles, à donner aux actes les plus simples la valeur d'un symbole. Son plus ancien biographe, le frère Luc, nous le peint, écoutant des mots inentendus des autres hommes, tandis que déjà s'incrustent dans sa prunelle, linéaments invisibles, les contours des grands fantômes qui l'accompagneront jusqu'à la fin de ses jours.

C'est en loques cependant que cet homme qui se préparait à rénover l'exégèse de son temps, gouvernait son abbaye, réclamant son tour des corvées communes, délaissant hautes spéculations pour des travaux de balayage.

Sa piété apparaissait admirable. Lorsqu'il montait à l'autel, son pâle visage d'ascète se transfigurait. En voyage, il se munissait de tous les objets nécessaires à la célébration de la messe, et lorsque l'inclinaison du soleil mélancolisait l'heure de l'office, il faisait planter une croix dans un champ, allumer deux cierges, et devant ce rustique autel, récitait les psaumes. Quelque chose d'agreste et d'errant anima toujours sa piété. Pendant tout le carême, il se restreignait au pain et à l'eau, se privait de toute nourriture pendant les quatre derniers jours. Toutefois cette piété n'offrait nulle intransigeance d'allures. Quand ses obligations le forçaient à diner chez des laïcs, il mangeait de tous les plats permis par l'Église se mêlait avec ardeur aux discussions, plaisantait gaiment. Mais alors, invinciblement, il élevait la conversation, transposait en banquet mystique le banal repas. En tout lieu, à toute occasion, il retrouvait le don de spiritualité, le sens des emblèmes. Une après-midi qu'il prêchait par un temps sombre, tout à coup les nuages s'écartèrent, un rayon biblique glissa sur les cimes. Aussitôt, il montra dans cette lumière apparue l'image du pardon divin, entraina la foule hors de l'église aux accents du *Veni Creator,* et, debout sur les marches, dévoila à ses auditeurs saisis d'un frisson sublime, dans les montagnes neigeuses et les vallées dorées par l'astre, un des aspects de Dieu.

Sa réputation grandissait rapidement. Elle grandissait malgré lui. Résolument il contrecarrait la légende en formation. Jamais il n'acceptait, jamais il n'acceptera de faire figure de prophète et de guérisseur ; avec son sens assez solide de la réalité historique, il désirait appuyer sa thèse, propre à sauver les âmes, non sur des manifestations personnelles, mais sur le témoignage des textes. Il s'affirmait logicien de sainteté, et son apologétique était géométrique. Pendant l'été qui suivit son élévation abbatiale, les habitants de Syllano, épouvantés par des vapeurs enflammées qui voltigeaient au-dessus du cimetière, ne purent lui arracher qu'un prudent horoscope. Et plus tard, le bruit s'étant répandu qu'il venait de guérir

un possédé, il fallut ruser pour l'amener dans un château où délirait un jeune homme, et l'enfermer pour l'obliger à imposer les mains au malade. En vain les foules exigeaient de lui des miracles. Ermite de la forêt des symboles, seule lui convenait, tapissée de manuscrits, la retraite des grands spéculateurs.

Ainsi se dresse, dans son abbaye enrichie et maintenant célèbre, l'abbé Joachim. Nous l'avons vu balayant les corridors et les cours, montant à l'autel avec une dévotion qui le transfigure, amaigri de privations et d'austérités, banquier surnaturel d'une charité qui ne craint pas de compromettre le temporel du couvent tant elle est sure de la bonté de Dieu, religieux d'une pureté hautaine, absolue, rigoureuse aux plus vénielles fautes de la chair. Tel le voyait son peuple de moines respectueux et fervent. Mais déjà il était davantage. Déjà l'on chuchotait, dans le cloitre de Curace et dans les cités de la province de Calabre, qu'il connaissait l'énigme du temps et les projets de Dieu.

Et, de fait, ce grand moine en robe déchirée, ceint d'un cilice crasseux, tantôt penché dans sa cellule sur d'ardues confrontations de textes, tantôt rappelant à ses subordonnés, aux chapitres solennels, les rudes devoirs de leur vocation, tantôt encore d'une gaieté charmante à la table de ses hôtes du siècle, toujours habitant par l'âme un monde mystérieux, élimait de jour en jour, de ses thèses industrieuses et griffues, le voile épais qui nous cache la réalité substantielle. Il commençait à savoir, mais prudemment se réservait. Ses yeux brulaient des secrets que ses lèvres taisaient encore. Il faudrait le peindre à cette minute, entre des murs blanchis à la chaux, penchant vers les feuillets de l'Apocalypse son vaste front aux sinuosités grises, son visage creux noyé d'un flot de barbe grisonnante, immobile sur le fond de cinabre d'un couchant de la grande Grèce où monte silencieusement, en chimère noire, une nuée d'orage.

IV

Si du fait de sa nouvelle dignité, les portes claustrales s'ouvraient désormais librement pour lui sur les routes de la Calabre, Joachim n'en vit que plus clairement des barrières s'élever devant certaines avenues spirituelles : celles, précisément où il désirait s'engager. Sous ses insignes neufs, il se rendit mieux compte, en effet, qu'un autre obstacle, non point matériel, mais invisible et plus puissant, empêcherait la réalisation de son œuvre : abbé, plus encore que moine, il se trouva lié par la règle de l'ordre. Un problème délicat se posait, qu'il allait passer des années à vouloir résoudre par des audaces qui cachaient une faiblesse, avant d'aboutir à une solution brutale.

Les deux termes de ce problème apparaissaient aussi nets que contradictoires. D'un côté si, hors des cloîtres, l'étude de l'Écriture demeurait possible, et même recommandable, tant qu'on la poursuivait à la lueur du commentaire des Pères de l'Église, la méfiance séculière devenait, dans l'ordre dont il relevait, interdiction précise. Il suffit, pour fournir un exemple de la rigueur avec laquelle de tels principes se trouvaient appliqués, de rappeler que, quelques années plus tard, l'abbé de Cîteaux devait sévir contre un moine français accusé d'avoir appris l'hébreu. Une telle attitude s'appuyait d'ailleurs de hauts exemples. Saint Bernard avait dénoncé avec une indignation superbe les orgueilleux qui mettent les mystères divins à nu. La science des choses terrestres devenait elle-même suspecte, et les abbés tenaient sous clé, dans une armoire spéciale, le droit canonique et le droit civil ; l'enfer des bibliothèques monacales nous semble ainsi d'une bien froide austérité auprès des arcanes phosphorescents de nos bibliothèques modernes. Que pouvait, dès lors, faire Joachim ? Travailler pour sa propre édification, et laisser en héritage aux fidèles futurs le résultat de ses recherches ? Cette politique à vues lointaines lui demeurait elle-même interdite, et il se souvenait que dom Guerry, à son lit de mort, détruisit un recueil de sermons qu'il avait composé de sa propre autorité. La Règle lui ordonnait le silence.

Mais, d'un autre côté, comment se taire ? En avait-il le droit ? Les anges du sépulcre, le mystérieux visiteur de l'allée, lui avaient-ils menti ? N'avait-il pas au contraire l'impérieux devoir de parler. Eh quoi ? Il tenait dans

Emmanuel Aegerter

ses mains, avec les résultats de ses recherches, la possibilité d'éclairer les impies, de sauver les âmes. Et il laisserait périr ces infidèles, et ces âmes se perdre? Il savait que le Jugement était proche. Et il ne le crierait pas à la foule imbécile, gavée de plaisirs, semblable, en ces derniers jours, aux foules du premier temps qui s'enivraient et jouissaient à la noire veille du Déluge? De la cellule où il travaillait, il n'avait, le soir venu, qu'à lever les yeux vers la fenêtre ouverte. Les prairies, les frères au travail, les cyprès au lourd sommeil dans la déclinante lumière composaient un tableau de paix évangélique, une allégorie pour Missel. Mais jamais il ne s'arrêtait aux vues consolatrices. Et plus loin il évoquait, au-delà des Apennins, grandes masses de solitude que couronnait la virginité des neiges, il devinait les villes de luxure et d'orgueil, devinait leurs débauches délicieuses en se souvenant de la cour normande avec ses harems occidentaux et ses musiques arabes dans d'inconsolables crépuscules. S'il détournait son regard de ces orgies du siècle pour le reporter vers la société ecclésiastique, il ne trouvait dans celle-ci qu'un plus rude motif de désespérer. Quelle vision! En haut, des prélats fourbes, abâtardis par le luxe ou férus de chasse, apparaissent à leurs ouailles bottés et gantés de cuir, dans le triomphe cuivré des fanfares, magnifiquement vêtus, miroitent, au moindre geste, d'innombrables pierreries, offrent aux princes des repas énormes tandis que, dans la lueur des torches les musiciens versent l'ivresse des sens et les mimes multiplient la griserie des attitudes. Et pour payer ces fêtes païennes, simoniaques effrénés, ils mettent à l'encan leurs fonctions, comme cet archevêque Béranger qui se faisait payer cent sous d'or pour consacrer un de ses collègues; ils pressurent les fidèles, accumulent les bénéfices, distribuent sans compter les prébendes à leurs parents. En bas, l'immense peuple des clercs répond à cette somptuosité du vice par une humble crapule. Les chanoines se font usuriers, quelques-uns courent la route comme jongleurs et sur les places publiques des bourgades, sous les arbres, le soir, lancent, rattrapent, mêlent les boules de couleur. Les curés de village, ivrognes, batailleurs, fainéants, vivent en concubinage, scandalisent les honnêtes gens par d'horribles familles, et, tard dans la nuit, les paysans ramènent ivre mort leur pasteur jusqu'au presbytère hanté de mégères... Certes ces mécréants, pour nombreux qu'ils fussent en ces noires années, ne représentaient qu'une partie du clergé: des prélats de haute piété, des prêtres, des moines exemplaires, sauvaient admirablement la dignité de l'Église. Mais Joachim ne voyait que les autres, les maudits, les débauchés, les simoniaques. Obscurcissant le paysage, le soir tombait. Ne tombait-il pas aussi, définitif, sur ce monde gangrené, perdu de vices, rongé de haines fratricides? En vérité un jour humain finissait. Et le moine se demandait si la Révélation n'avait pas, en douze-cents ans, épuisé toute sa vertu, si quelque autre force divine ne serait pas nécessaire pour vivifier cette race misérable, cette chair toujours en révolte. Il songeait alors aux théories de saint Eugène, aux trois sacerdoces qui doivent se succéder dans l'univers avant la consommation des siècles. Il songeait aux mots mystérieux de Jésus, aux vérités dissimulées dans les symboles johanniques. Le règne du Père avait duré quatre-mille ans, le règne du Fils semblait achever son cycle; n'était-ce pas l'heure du Paraclet, et, dans ce crépuscule du Nouveau Testament, éparpillant soudain ses flammes en une définitive Pentecôte, la venue de l'Esprit? Il avait eu connaissance, M. H. Fournier l'a très bien démontré, de certains travaux philosophiques contemporains orientés dans ce sens, et connu par le *Liber de vera philosophia* la thèse de Gilbert de la Porrée. Il en profitait pour préciser encore sa pensée... Soudain des coups à la porte retentissaient, l'arrachant à son inlassable dilemme; quelque frère lui apportait la proposition d'un marchand pour la récolte, une lettre d'un abbé du voisinage demandant un sermon. Mais, éveillé, rejeté dans la plus humble des réalités, il devait moins regretter ces obligations matérielles que les difficultés spirituelles qu'il venait de tourner et de retourner sans conclusion possible.

Et cependant il dépassait la cinquantaine. Il se trouvait à cet âge où, les illusions écartées, on peut juger de sa vie. Qu'avait-il fait pour les âmes? Quel compte rendrait-il à Dieu des grâces accordées? Chargé par les anges d'avertir les hommes du châtiment proche, n'avait-il pas gardé le silence? À ce monde pourri jusqu'aux moelles ne fallait-il pas faire entendre le pas quadruple, le pas des chevaux de l'Apocalypse? Et, trahissant sa destinée, remplirait-il jusqu'à la fin cet office de maitre de celliers et de greniers, de gérant de réfectoire et de président d'un club monastique?

Ses hésitations durèrent plusieurs années, sans qu'il cessât d'accumuler les matériaux des deux grands ouvrages qu'il méditait depuis longtemps: une explication de l'Apocalypse et une concordance des deux Testaments. Enfin, au cours du printemps de 1284, dans le double but d'échapper aux difficultés d'ordre matériel qui retardaient ses travaux, et aux difficultés d'ordre disciplinaire qui en rendaient difficile la publication, il prit une décision. Elle était grave. Lors de son premier départ du monastère, il ne faisait que fuir une dignité. Cette fois, il en appelait au pape sans se préoccuper de la hiérarchie ecclésiastique. S'il réussissait, il obtenait les loisirs nécessaires pour son œuvre et mettait du même coup celle-ci sous la sauvegarde du

Saint-Siège. Il commençait à prendre cette position paradoxale qu'il conservera jusqu'à sa rupture avec Cîteaux, et qui le fait paraître indépendant et soumis, indépendant de ses supérieurs immédiats, mais soumis au supérieur suprême de ceux-ci. Qui l'en blâmerait ? Il eut toujours une grande habileté sincère, mais il ne fut habile jusqu'à la rouerie, sincère jusqu'à la violence, que pour son œuvre.

Nous pouvons nous représenter, s'il plait à notre imagination, l'abbé Joachim vieilli, soucieux, en robe grise, les pieds nus, marchant sur une route de Calabre, à côté de l'âne sur lequel vient de le remplacer le valet et qui trottine, portant en croupe le coffre enfermant les vases sacrés. L'humble équipage monastique chemine ainsi dans les gorges sauvages où les torrents, tressant des disciples d'acier, fouaillent les ténébreuses forêts de sapins ; le mince sentier s'accroche, en biseau brusque, au flanc de la montagne, ondule sur l'abime, surplombe des profondeurs d'apocalypse. Demain, à l'aube, si nulle bourgade n'est en vue, l'abbé tirera du coffre le calice, les objets rituels ; il plantera sur l'étalement chaud des gouttes de cire, deux cierges dans le roc, et célèbrera sa messe rustique servie par le valet à genoux, tandis qu'à côté de lui, chassant les mouches avec sa houppe poussiéreuse, l'âne évangélique broutera des scintillements dans l'herbe. Tableau mystique, tout plein d'une austère poésie, que double d'ombre le soleil levant...

Lucius III ayant eu quelques démêlés pénibles avec la seigneurie romaine, habitait alors Velletri. Ce fut dans cette ville pittoresque, dont les âcres ruelles s'acharnent à escalader le mont Lepini, (et non à Rome, comme l'indique par erreur Gebhart), que l'abbé Joachim le rencontra. Le moine lui exposa son état d'âme et sollicita sa sentence.

L'ancien légat d'Alexandre III était un vieillard lettré, fin, d'une diplomatie extrême qui lui avait permis de circonvenir Frédéric Barberousse. Mais il avait dû condamner les Cathares, se souvenait amèrement des mendiants austères à la pureté agressive, des parfaits inspirés par l'Esprit Saint et craignait comme une peste larvée l'indépendance ascétique. Avec l'âpre souci de la foi, il avait déjà préludé, par de rudes mesures, à l'Inquisition. Si grande que fût la réputation de sainteté du solliciteur, il en référa donc à ses conseillers et Joachim fut cité devant le Consistoire. Dans une des salles de l'évêché, il comparut au tribunal de hauts prélats dialecticiens, de docteurs rusés, qui, jetant ce moine inspiré sur des chevalets spirituels, le torturèrent en baralipton et le malaxèrent proprement dans l'étau des syllogismes. Mais, habile et rapide, il éblouit cette cour rouge et noire, provoqua, de plus en plus nombreux au fur et à mesure de ses réponses, des hochements approbatifs de bonnets carrés. Les plus astucieux eurent beau lui tendre l'Apocalypse, il projeta de telles lumières sur les paroles obscures, évita d'un mouvement si assuré les chausse-trapes des versets à pointes, que ses juges demeurèrent stupéfaits. Le rapport de la Commission d'enquête fut enthousiaste. Fort d'une pareille approbation Lucius III n'hésita plus.

Joachim ayant subi cette torture exégétique attendait sans anxiété l'audience pontificale, qui ne tarda guère. Le pape l'accueillit avec une affection soudain familière. Dans la salle baignée d'une lumière d'exil, le souverain pontife apparut à Joachim vieilli encore, découragé, toujours très fin et très méfiant. Il lui accorda toutes les autorisations utiles, mais lui recommanda de s'adonner surtout à l'étude de l'Apocalypse.

— Vous avez étonné vos juges, mon fils, lui dit-il, par votre érudition en cette matière difficile. Continuez à dévoiler aux âmes les secrets de la justice divine...

Puis il se plaignit de son destin, de l'ingratitude des hommes ; glissant, contre son caractère, aux confidences, il rappela ses tribulations romaines, sa fuite devant l'émeute de la cité rebelle, et gémit sur les durs lendemains. Peu à peu, la voix chevrotante du pape octogénaire s'animait. Ah ! les Romains empoisonnés par le venin d'Arnaud de Brescia ! On avait eu beau le brancher, cet impie, à la porte du Temple, ses paroles insidieuses ne s'étaient pas apaisées encore dans l'air latin ! Et quelle haine envieuse pour le pouvoir spirituel, et comme ils bâillaient d'aise, les Iscariotes, à l'idée d'un Sénat qui les gouvernerait au nom de l'empereur !... Est-ce qu'ils n'avaient pas été jusqu'à la révolte ? Jusqu'au meurtre ? Est-ce qu'ils n'avaient pas égorgé son auguste prédécesseur Lucius II, tombé à la tête de son armée pendant l'assaut du Capitole ? Les mains rouges du sang pontifical, ils en appelaient à l'empereur, ces factieux ? Eh bien ! il en appellerait à son tour à Sa Majesté. Ils oubliaient donc que le Barberousse avait livré Arnaud ? Ils verraient... Ils verraient...

La faible voix modulait la douleur de l'Église, la misère du pontife, l'incertitude de l'avenir, s'acheva dans une plainte du désespéré blanc, écrasé dans son fauteuil. Mais, au lieu des consolations officielles que le vieillard attendait, désirait peut-être comme un fade cordial, Joachim, toujours emporté par ses noirs pressentiments, et par ailleurs fort au courant de la situation politique italienne ainsi que de la fragilité du royaume franc en Palestine, lui prophétisa les malheurs futurs de son pontificat, la perpétuité de son exil, et, pour couronner d'épines les destins de l'Église, la prise de Jérusalem. Il laissa le pontife épouvanté.

Peu de jours après, il rentrait dans son abbaye et, tout aussitôt, déléguait au prieur la conduite de la plupart des affaires temporelles et tout le gouvernement spirituel des moines. Vite il se remit au travail. Mais il ne tarda pas à éprouver la précarité du compromis qu'il avait réalisé. Il n'en demeurait pas moins, en effet, l'arbitre des conflits sérieux, et se trouvait ainsi mêlé, précisément par les évènements qui pouvaient l'absorber davantage, à la vie intérieure de l'abbaye. Puis il lui manquait un secrétariat stable, une sorte d'organisation de scribes spécialisés dans le dépouillement des textes et la révision du travail. Il perdait un temps énorme, s'impatientait pour des détails. Il recommençait à s'inquiéter, à désespérer de sa tâche, lorsque Lucius III mourut à Vérone, dans les tribulations et l'exil prédits par son visiteur farouche de Velletri. Presque aussitôt le Conclave offrait la tiare à Mgr Crivelli, qui devenait Urbain III.

Joachim, à la nouvelle du deuil de l'Église, fut saisi d'un étrange scrupule, et se demanda si l'autorisation de Lucius III n'était pas strictement personnelle et pouvait engager son successeur. Ce scrupule, encouragé, eût certainement procuré quelques embarras pour les études ultérieures des savants ecclésiastiques, mais peut-être Joachim vit-il dans cet évènement l'occasion de rendre plus grande encore une liberté qu'il n'avait qu'à demi reconquise. Il s'en fut incontinent trouver Urbain III à Vérone, et lui exposa son désir d'être, cette fois, relevé définitivement de sa charge. Le nouveau pape était moins lettré, moins souple que son prédécesseur, mais aussi plus net et plus autoritaire, presque violent. Il reçut à merveille Joachim, s'enthousiasma pour son œuvre, lui renouvela toutes les dispenses anciennes, mais, lorsque l'abbé lui offrit sa démission, refusa sans ambages. Joachim eut beau mettre en relief les difficultés qu'il éprouvait à parfaire d'aussi subtils travaux au milieu des querelles des moines et des préoccupations culinaires, Urbain III s'affirma inflexible. Il autorisa simplement Joachim à prendre une sorte de studieux congé dans un monastère choisi, congé limité d'ailleurs, cours duquel il conserverait sa dignité assez semblable, en somme, à la mise hors cadre d'un fonctionnaire. Joachim, malgré toutes ses réclamations ardentes, dut s'en contenter.

Ce séjour à la cour pontificale donna lieu à de curieux récits. Une tradition incertaine veut qu'il s'y soit rencontré avec l'empereur Frédéric Barberousse, et qu'il l'ait brutalement morigéné. On plaça également vers cette époque un apocryphe voyage à Venise. D'après certains vieux hagiographes, Joachim aurait, en effet, visité l'église Saint-Marc et, saisi comme à Velletri par l'esprit prophétique, aurait fait exécuter dans la basilique byzantine, sous un costume exactement décrit, les portraits de deux moines dans lesquels les fidèles devaient reconnaitre, cinquante ans plus tard, saint François et saint Dominique. Malheureusement, l'église Saint-Marc laissait à peine jaillir de terre ses arcs et ses futs à l'époque où Joachim intriguait à Vérone, et les figures des deux grands fondateurs d'ordre furent exécutées de nombreuses années plus tard. Ici, toutefois l'apocryphe vulgaire est vérité plus haute. Si l'abbé de Curace ne révéla pas aux mosaïstes de Saint-Marc les visages futurs des deux saints, du moins devait-il les préfigurer dans son évocation de l'histoire. Il importe peu qu'il ne les ait pas fait surgir, mosaïques de l'avenir, aux murailles où nous les contemplons aujourd'hui, puisqu'il annonça l'arrivée imminente, les vertus audacieuses, le triomphe à scandales des deux amants de la pauvreté. Il reste ainsi, non l'évocateur de leurs visages de chair, mais l'annonciateur, le précurseur de leur œuvre spirituelle, le voyant d'une innombrable armée qui, une minute, va tenir en suspens le développement de l'Église.

Jugeant qu'il n'obtiendrait rien de plus du pontife opiniâtre, Joachim ne s'attarda pas à Vérone, revint à Curace et prépara son départ de l'abbaye. Sa décision souleva très vite les protestations des moines. Les négociations qu'il dut poursuivre pour assurer son intérim furent d'ailleurs pénibles. Il s'adressa successivement aux abbés de Sambucine, de Casemare, de Fosseneuve : tous se récusèrent, soit qu'ils ne se souciassent pas d'accroitre leurs responsabilités morales et pécuniaires, soit qu'ils craignissent la sourde révolte des frères dont ils savaient la répugnance à subir une crosse étrangère. Un moment, il put croire que toute sa diplomatie échouerait. Enfin, sur ses instances désespérées, l'abbé de Fosse-neuve, son plus proche voisin, se résigna. Joachim partit aussitôt, emmenant avec lui comme secrétaires, frère Jean et frère Nicolas. Ce fut aussitôt l'émeute monacale prévue. Les moines tapagèrent, intriguèrent, menèrent une opposition diabolique contre leur nouvel abbé, mirent tout en œuvre pour obliger Joachim à occuper de nouveau sa stalle capitulaire. Devant leur insuccès, et mis à bonne école, ils employèrent le procédé cher à Joachim lui-même, et députèrent deux des leurs auprès du pape. Cette méthode de perpétuel recours à l'autorité suprême en dehors de toute hiérarchie donne d'ailleurs une assez curieuse idée de l'indépendance des moines de ce temps, et devait apparaitre littéralement insupportable aux pontifes. Aussi les deux protestataires furent-ils vertement accueillis par un pape qui n'admettait pas qu'on discutât ses arrêts. Ils obtinrent seulement, entremêlée d'admonestations, l'assurance que le congé octroyé serait limité à une mission précise. L'affaire se trouvait réglée. Les religieux revinrent jaboter et manigancer à Curace. L'abbé de Fosseneuve se jura de ne plus céder à la charité confraternelle. Et Joachim put travailler en paix.

Il avait choisi pour retraite l'abbaye de Casemare dans laquelle il avait séjourné lors son voyage exégétique à Velletri. L'abbé Gérard, qui gouvernait alors ce monastère, lui aménagea quelques salles dans lesquelles il pouvait vivre à l'écart de toute préoccupation et dans un silence absolu. Il s'agissait sans doute de cellules entourant une de ces « scriptoria » réservées chez les cisterciens aux moines spécialisés dans l'étude ou la copie des manuscrits. Joachim s'y installa, avec les deux frères qu'il avait amenés de Curace, et s'adjoignit encore frère Luc, religieux de l'abbaye de Casemare, jeune homme intelligent, actif, mais affligé d'un terrible bégaiement, et qu'il avait remarqué dans sa récente halte. Miraculé, frère Luc devait, par la suite, devenir évêque et s'instituer le premier hagiographe de son ancien patron. Avec ces trois religieux, Joachim organisa enfin ce secrétariat auquel il songeait si souvent au cours de ses soucis abbatiaux et put envisager, après tant d'années de labeur préparatoire, la rédaction définitive de ses ouvrages. Dans ces quelques pièces retirées que lui offrait l'abbé Gérard, il créait de la sorte une des plus curieuses retraites intellectuelles du XIIe siècle, une sorte d'officine théologique, une cellule emplie d'un continuel et silencieux labeur, traversée d'étranges visions. Il faisait classer toutes les notes prises pendant des années au cours de sa lecture assidue des saintes Écritures, les révisait, murissait le plan des deux volumes dont il avait soumis le projet à Lucius III et à Urbain III. Bien qu'assidu aux cérémonies, et tout ponctuel qu'il fut à suivre exactement la Règle, il travaillait avec une fièvre énergique. Sa méthode se révèle assez simple. Il méditait sur un sujet arrêté d'avance, puis dictait à ses secrétaires les réflexions qui lui venaient. Il revoyait ce premier texte, l'arrêtait définitivement, après de sures retouches, sans se buter aux difficultés rencontrées et laissant simplement de côté pour des illuminations futures les passages rebelles. Fidèle à son dédain de la science, confiant dans les lumières d'en haut, il ne possédait pour ces travaux aucune bibliothèque particulière, ne consultait, en matière de théologie, que les ouvrages qu'il entendait réfuter. Toujours hanté par l'œuvre entreprise, à genoux dans la chapelle, pensif le long des haies qui bordaient les allées solitaires, réfléchissant même lorsqu'il conversait avec ses frères, il écoutait sans cesse des voix mystérieuses, entrevoyait à son côté des êtres supérieurs qui lui apportaient du monde inconnu de secrètes révélations. Autour de lui, comme plus tard au plafond de la Sixtine, des génies pensifs et douloureux apparaissaient, qui lui parlaient des énigmes de la vie et des terreurs du Jugement. Ainsi, plongé dans le surnaturel, croyant éviter l'erreur de ses ennemis les plus détestés, de ces rationalistes qui cherchaient à expliquer la foi, n'apercevait-il pas la contradiction de son mépris pour les études scientifiques et de sa tache d'exégète. En réalité, de son retrait spirituel à la chaire d'Abélard, la différence n'est que d'illustration et de méthode. Lui aussi, il expliquait. Ainsi menait-il, sur un autre plan, mais avec le même besoin d'explication rationnelle, sa grande construction raisonnée et claire de l'univers.

Si absorbé qu'il fût dans la composition de ses deux ouvrages, l'abbé Joachim ne laissait pas de travailler entretemps à d'autres études. C'est ainsi qu'il écrivit, pour exposer sa foi et combattre certaines hérésies nouvelles, un petit livre sur le mystère de la Sainte Trinité, *le Psalterion à dix cordes.* Ici, nous pourrons nous arrêter, examiner enfin cette doctrine qu'il élabore depuis des années, qu'il va préciser en la condensant, et qui, longtemps éparse, indécise, commence maintenant qu'il en groupe et relie les matériaux, à montrer ses lignes générales, l'harmonie de sa construction, les étrangetés de sa logique. *Le Psalterion à dix cordes* nous donne en effet la clé de toute la pensée de Joachim. Nous l'avons vu esquisser, dans ses rêveries de Curace, une théorie du monde. Nous allons le voir, maintenant, justifier cette théorie elle-même, par une affirmation scolastique.

Ainsi nous comprendrons mieux sa conception de l'histoire humaine en la reliant à la conception théologique qui en a permis la genèse, et nous verrons avec plus de netteté jusqu'à quelles conséquences il en mènera le développement. Ses disciples outranciers le reprendront, plus tard, ce développement, l'illumineront du phosphore de leurs visions personnelles, le pousseront à de si redoutables conclusions qu'ils procureront à leur maitre, pendant le début du XIIIe siècle, une autorité retentissante, une gloire trouble et le blâme indirect de la Commission inquisitoriale d'Agnani, qui flairera subtilement dans *l'Évangile éternel,* de ses narines cardinalices, un fumet d'hérésie.

V

es habitants du vieux monde limité, dont la géographie se dessinait en d'étroites frontières sur une seule moitié du globe, exigeaient une histoire claire, précise, et close. Ils voulaient, connaissant avec exactitude le début de l'épreuve humaine, en apercevoir distinctement la conclusion. Ils avaient besoin, de la solidité des choses et de la certitude de l'esprit. Leur finalisme était absolu. Leur raison postulait un univers facilement explicable, dont la logique leur était offerte par les textes révélés. L'histoire de l'humanité se déroulait, pour eux, dans le cadre naturel de la théologie, et leur apparaissait ainsi harmonieuse et raisonnable. Ils trouvaient un gout profond à la vie, ils éprouvaient une conscience élevée de leur personnalité, dans cette pensée qu'ils étaient les acteurs du drame universel inauguré par la création. De ce drame, ils admiraient l'ordonnance jusqu'à l'heure de leur propre apparition, mais se tournaient avec une anxieuse curiosité vers la fin prédite. Combien de générations l'avaient attendue? L'angoisse de l'an mil n'était pas encore oubliée. Malgré les démentis apportés de siècle en siècle aux calculs des commentateurs, quelques exégètes combinaient les mêmes chiffres pour supputer la véritable échéance. Des chercheurs plus visuels, préoccupés des problèmes de la substance, imaginaient les modalités de cette destruction de la matière; certains, par application de la phrase évangélique, croyaient que la figure du monde était transitoire, mais que sa substance demeurerait; d'autres voyaient, dans la fin du monde, une sorte de transfiguration de cette substance, s'accomplissant en même temps que l'idéalisation de la chair dans un universel et paradisiaque renouveau; d'autres encore jugeaient inutiles une transformation du cadre même de la tragédie humaine, et n'apportaient, dans leurs théories, aucun changement à la matière insensible, inerte, sans péché ni vertu; et dans des temps plus proches, Richard de Saint-Victor avait enseigné que, des quatre éléments, l'air et la terre ressusciteraient seuls après la destruction des choses. Aux hommes de cette époque, préoccupés de tels problèmes il fallait donc apporter une explication à la fois syllogistique et mystique de cet univers où ils attendaient la justice.

Le point de départ théologique de son œuvre fut révélé à Joachim dans une sorte d'extase. Un dimanche de Pentecôte, durant son séjour à Sambucine, il ne put assister aux cérémonies. Il en ressentit un très vif regret et voulut du moins, à la fin de la journée, prier quelques instants dans la chapelle. L'heure versait entre les hautes montagnes un trouble irisé, un gout infini des nuances. Le silence du crépuscule était profond, et, lorsqu'il pénétra dans la pâle chapelle sans images, Joachim éprouva une tentation étrange. Un doute venait subitement de naitre en lui, grandissait, s'imposait, un doute sur ce redoutable mystère de la Sainte Trinité qu'il scruta si souvent. En vain s'absorbait-il dans le récital des Psaumes, une voix intérieure, une voix ironique à la fois et doucereuse reprenait les vieux arguments, cent fois réfutés et cent fois agressifs... « Crois-tu, murmurait-elle, que les trois personnes soient distinctes de nature ? Oui ? Mais alors compte bien, et tu trouveras trois dieux. Non ? Mais alors la Trinité s'évanouit. Regarde bien : tu ne verras plus qu'une personne... » Et si Joachim se répondait à lui-même par la distinction de raison virtuelle qui existe entre les personnes et la nature, la voix reprenait, chuchotante : « Tu vois trois personnes, mais chacune d'elles est infinie, n'est-ce pas ? Si elle ne l'est pas, comment serait-elle Dieu ? Et si elle l'est, il y a donc trois infinis ? » Et Joachim s'expliquait avec fièvre que la Trinité, c'est l'organisation de l'infini. Mais s'il s'appliquait à concevoir l'unité divine, la voix lui soufflait : Arius ! Et s'il insistait sur les personnes, la voix ricanait : Sabellius !

L'obsession devenait intolérable. Joachim eut alors l'inspiration de rythmer les versets qu'il récitait comme si sa psalmodie eut été accompagnée d'une musique, afin de bercer et d'endormir sa pensée en révolte. Au même instant, un symbole rayonna dans son esprit, précisément évoqué par sa chantante prière, celui du psaltérion qui soutenait les chœurs religieux, et cet instrument triangulaire lui apparut avec ses cordes tintant sous le plectre, comme l'image même, imparfaite, mais frappante, de la Trinité. Entrainé par sa fougue imagée, il comparait l'instrument au Père, les psaumes qu'il soutient au Fils, le mode de psalmodie des choristes à l'Esprit. Les rayons du couchant glissaient des cimes pâles, embrasaient les vitres claires d'un enchantement doré. Il voyait réduites, anéanties, les propositions des prélats hérétiques et des docteurs factieux. La flamme illuminatrice des vieux conciles brulait en lui. Il voyait, il saisissait à travers l'allusion et le voile... Oui ! il ferait taire en lui cette voix sortie des livres mauvais, filtrée des dialectiques faussées, des complications des raisons personnelles. Et tout de suite il se promit d'écrire, à la défense du grand et triple mystère, un ouvrage dont le titre lui était donné par cette image qui venait de le frapper si vivement. Il sortit rasséréné de la chapelle glacée et nue, le cœur tout embrasé de vérité. La paix du cloitre, l'immobilité des jardins bordés de buis monacal et plantés de cyprès funéraires, le silence des prairies vertes d'âcre et neuve fraicheur, et, plus loin, des immenses forêts et des cimes heureuses, l'enveloppaient de la certitude retrouvée. Il frémissait, avec son gout de spéculation et son instinct de lutte, d'exaltation philosophique. Dans la nuit, il se mit à l'œuvre.

Le mystère de la Sainte Trinité est, par sa donnée même, insoluble. La sagesse était de l'exposer. Ce fut la tâche des conciles. Le danger fut de l'expliquer. Ce fut la chausse-trappe des penseurs. Dans cette explication, que l'Église considère par avance comme vaine, les plus hauts esprits de l'orthodoxie ne parvinrent qu'à d'ingénieuses et parfois puissantes—mais toujours insuffisantes— comparaisons. La difficulté véritable, beaucoup plus redoutable sans doute que celle de la coexistence de trois infinis ou que d'autres non moins délicates, réside dans l'opposition entre les rapports, en Dieu, de la nature et des personnes. Il faudrait concevoir trois entités à la fois distinctes et identiques à la substance. Quoiqu'il en ait été jugé, l'objection qu'entendait s'élever en lui Joachim dans l'Église cistercienne est éminemment insidieuse. Certains théologiens voulurent cependant rationaliser en quelque sorte ce mystère, mais se trouvèrent forcément obligés, pour l'élucider et le rabaisser à la portée de la raison humaine, d'en sacrifier un des éléments essentiels. Le problème consiste donc à maintenir la nature communiquée dans la plénitude à trois personnes sans admettre de division de substance.

Les uns voulurent, avant tout, conserver l'unité de substance, la simplicité divine, la monade pure. Cette conception a trouvé son expression la plus retentissante et la plus complète dans la théorie d'Arius. Mais le résultat en est net : les trois personnes ne sont plus égales et l'on aboutit immédiatement à cette trinité que des critiques ont pu décrire, avec un vif bonheur de formule, comme une trinité décroissante, composée du Père qui ne crée que le Fils, et d'un Fils qui, au premier rang de ses créations, mais parmi celles-ci, crée l'Esprit. La théorie arienne rétablissait l'unité absolue du Père au détriment du Fils et de l'Esprit, séparés du Dieu unique par une différence de nature et transformés de la sorte en démiurges secondaires, en qualités créatrices qui font dépendre, du Père inaccessible, le monde créé.

D'autres, au contraire, cette fois au détriment de l'unité numérique de la substance, se sont attachés à la nature individuelle des trois personnes, dont chacune est infinie, mais dont la réunion peut seule constituer Dieu. Dans sa conception de la Trinité, sans s'apercevoir lui-même d'une hétérodoxie qui tenait à de subtiles nuances, Joachim se rattachait à ceux-ci, se rapprochait en somme des théologiens et philosophes grecs, du professeur Ascunagès, par exemple, ou du philosophe Jean Philiponos. D'un mot, et pour marquer d'un trait un peu fort sa position théologique, il se rangeait parmi les trithéistes, et ce fut d'ailleurs comme entachée de trithéisme que le Concile de Latran devait condamner sa thèse trinitaire. Il voyait, en effet, dans le Dieu triple et un, les trois personnes distinctes toutes trois parfaites sans doute, toutefois unies non par une même substance, mais par leur nature semblable et constituant en un Dieu unique trois entités séparées. Certes, il apercevait l'unité profonde de Dieu, mais en quelque sorte à un second degré. Il lui fallait, pour concevoir Dieu, procéder à une opération intellectuelle de synthèse, alors que les théologiens orthodoxes procédaient plutôt à une analyse, fixant d'abord, avant toute critique, l'unité divine. Cette position de Joachim se trouvait ainsi opposée, pour prendre des exemples, d'un côté à l'unitarisme d'Arius, en ce sens qu'il repoussait la différence de degré entre les trois personnes, et d'un autre côté, à la thèse de Jean Lombard, en ce sens qu'il n'acceptait pas de surajouter aux trois personnes la substance identique qui, à son avis, créait une Quaternité. Ces théories ne lui eussent pas permis, au surplus, la première surtout, d'établir avec la précision que nous pourrons admirer son schéma de l'histoire universelle.

Pour lui, les trois personnes sont égales, mais elles demeurent distinctes. Il est très loin d'Arius, mais très loin de Jean Lombard. Sa volonté très nette de conserver l'égalité entre les trois personnes corrélatives à sa critique aiguë de la substance qui lui apparait, si on l'ajoute aux trois entités, soit comme un *flatus vocis,* soit comme un quatrième Dieu, pouvait lui permettre de s'imaginer orthodoxe par opposition, elle ne pouvait pas l'empêcher d'aboutir en réalité au trithéisme. Mais si les trois personnes divines lui étaient apparues distinctes dans une sorte de hiérarchie mystique où le Logos eût tenu la seconde place, et où l'Esprit n'eût apparu qu'en qualité de troisième Éon, comment Joachim eut-il pu réserver à cette troisième personne, nettement inférieure par rapport au Père et au Fils, le soin d'inaugurer le dernier âge du monde et d'apporter la Révélation définitive ? Et si les trois personnes ne se fussent pas assez distinguées à son gré dans la substance unique, se serait-il trouvé à l'aise pour répartir à chacune d'elles un rôle précis et différent dans le déroulement de l'Histoire ?

Mais, précisément, si sa conception de la Trinité lui interdit de distinguer l'unité (au sens scolastique du mot), de Dieu, elle lui révèle l'unité (au sens logique de la formule), du monde. Les trois personnes divines ne doivent-elles pas avoir chacune, dans le drame de l'être qui se poursuit dès avant l'apparition d'Adam au milieu du jardin paradisiaque, avant même le mystérieux combat des anges, leur puissance particulière ? Distinctes, ne doivent-elles pas avoir leur rôle distinct ? La négation ici, devient difficile. Et lorsque Joachim, imbu de cette théorie préconçue, purement doctrinale d'ailleurs, examine les faits, compulse les textes sacrés, il en tire pour la compréhension et l'aménagement de ces faits, un cadre grandiose dans lequel il distribue tous les évènements.

La Trinité n'apparait pas tout à coup, en effet, dans sa gloire complète, ineffable, indivisible. Il semble, à lire la Bible, que Dieu se dévoile. Au commencement des Temps, le Père apparait, tout puissant dans une majesté unique. Certes, après la faute, —la bienheureuse faute, comme l'écrira Augustin, — le Fils est annoncé, médiateur assuré. Mais l'Esprit ? À peine, au deuxième verset de la Bible, est-il écrit que l'Esprit de Dieu se mouvait au-dessus des eaux. Puis le silence retombe. Les prophètes, alors, annoncent la venue du Fils, précisent son rôle de victime et de sauveur, multiplient, à son égard, les images et les descriptions. Aucun d'eux ne parle de l'Esprit, ou du moins le désignent-ils en des termes très vagues. Iaveh demeure l'Éternel, la monade immuable qui domine le monde, en dirige les destins, intervient dans la marche des évènements, envoie ses messagers à ses élus.

Cependant le Fils apparait. À l'Ancien Testament, qui exposait l'œuvre créatrice du Père, s'ajoute le Nouveau Testament, qui relate l'œuvre médiatrice du Fils. Et voici que le Père ayant prédit la venue du Fils, le Fils annonce, à une heure tragique entre toutes, la venue de l'esprit : « J'ai encore beaucoup de choses à vous dire, mais vous ne pouvez pas les porter maintenant. Quand le consolateur sera venu, l'esprit de vérité, il vous conduira dans toute la vérité ! » Ces paroles mystérieuses de Jésus, au cours du repas mystique qui précéda la Passion, ne prédisaient-elles pas, avec clarté, le règne futur de la troisième personne de la Trinité qui apporterait à l'histoire humaine un équilibre ternaire correspondant à la nature divine et couronnerait l'œuvre de la Création ? Trois personnes créatrices : trois époques humaines. Joachim s'en persuadait chaque jour davantage. D'illustres devanciers l'autorisaient à ces rêveries métaphysiques. Avant lui, saint Augustin, Scot Erigène, n'avaient-ils pas, avec des formules diverses, proposé une solution pareille au problème de la vie ? Il y avait, dans cette succession de mystères, une logique qui satisfaisait la raison.

La mise au point de la doctrine trinitaire dans le Psalterion s'imposait donc à Joachim moins peut-être pour éclaircir ses propres doutes et vitupérer les adversaires du dogme que pour marquer sa propre position. Il s'agissait en somme de donner implicitement à sa conception générale de l'univers une base solide orthodoxe et définitive, de relier le drame humain à une organisation métaphysique et de copier, en quelque sorte, le fini sur l'infini.

Il écrivit ainsi un ouvrage symbolique curieux, un peu lourd, très intellectuel, dans ce latin barbare et broussailleux du haut moyen âge qui fut le sien, avec çà et là ces mots rares qui sont l'apanage hermétique des décadences, un latin de cloître tout nourri, pénétré, éclatant de citations de l'Écriture. Il le divisa en trois parties dont chacune correspondait à une personne de la Trinité et qu'il fleurit des comparaisons surgies soudain dans son esprit au cours de la tentation du soir de la Pentecôte. Ces images subtiles, — le Père étant le psaltérion qui crée l'harmonie, le Fils les psaumes que soutient l'instrument, le Saint-Esprit la psalmodiation du chœur des moines—, comme à peu près toutes celles qui servirent aux théologiens pour rendre sensible le mystère de la Sainte Trinité, n'expliquent rien. Aucune n'éclaire la difficulté de l'unité de substance et de la diversité des personnes.

Dégagée de certaines discussions infiniment ténues, la partie agressive, portant bien la marque du caractère violent de Joachim, demeure la plus intéressante. Il attaquait âprement Sabellius, envisageant les trois personnes comme les modes d'être, les différences d'action d'une seule personne. Il fonçait sur Arius, sur son subordinationisme, sur sa proclamation de l'inégalité des trois personnes réservant la divinité au Père, sur son affirmation que le Fils avait été engendré hors du temps par le Père, mais n'était pas avant d'avoir été engendré, et que l'Esprit procédait du Fils seul. Il critiquait avec plus d'à-propos, car il s'agissait d'un contemporain dont la thèse n'avait pas subi, malgré l'action de saint Bernard, la condamnation qui frappa celle d'Arius, l'ancien chancelier des écoles de Chartres, Gilbert de la Porrée, mort depuis quelques années. L'auteur du *de Trinitate* distinguait entre l'essence divine et les trois personnes dont chacune ne suffisait pas à constituer Dieu, mais dont seule la réunion le réalisait. Joachim montrait le danger de cette conception habile, mais ne s'apercevait pas que, précisément, la thèse de Gilbert de la Porrée se rapprochait de la sienne. En réalité, il s'évertuait inconsciemment dans cette attaque, à sauvegarder son orthodoxie personnelle, à pousser à la couleur crue les nuances légères qui distinguaient sa doctrine des théories teintées d'aristotélisme de sa victime scolastique. Il tenait là, à sa discrétion, une de ses bêtes noires, un de ces philosophes dont il voyait clairement le danger pour l'école mystique. Sabellius, Arius, c'était le passé, les longues luttes maintenant légendaires dénouées par la souveraine décision des conciles. Mais Gilbert de la Porrée, mais Abélard, mais le vieux Jean de Salisbury, morts d'hier ou vivant encore, voilà quels étaient, sous des apparences pieuses et en toute bonne foi les créateurs de méthodes qui, tôt ou tard saperaient les principes. Joachim après saint Bernard, s'emportait avec une véhémence sacrée contre leurs arguments d'école. Ce petit livre dont il poursuivait la composition à ses rares instants de loisir, c'était bien la préface ardente, clairvoyante et symbolique de la grande œuvre qu'il préparait sans relâche.

De cette œuvre, il a définitivement fixé dès maintenant, grâce à sa conception théologique, les lignes essentielles, le plan général. Tout est triple, Dieu, le temps, l'histoire. Là se trouve la clé de l'énigme.

VI

L e passé, nous le connaissons. Le présent, nous le vivons. De ces deux réalités, ne pourrons-nous pas déduire l'avenir ? Le Père a eu son règne. Le Fils voit s'achever le sien. Inévitablement, l'Esprit doit donc jouer son rôle. Loin du monde, entouré de ses secrétaires, dans le scriptorium de l'abbaye peuplée de beaux cyprès, toute délicieuse de silence, en marge des cités et de la vie, Joachim pouvait prolonger à loisir ses méditations sur un pareil thème. Quel évènement, quelle objection l'eussent arrêté ? Mais le danger, pour de telles spéculations, résidait justement dans l'isolement où il les poursuivait. Visionnaire, Joachim possédait l'esprit géométrique, et, s'évadant du réel à force d'abstraction, tournant, retournant, torturant des versets dont il voulait appliquer les images à l'histoire, il créait peu à peu un univers factice. L'idée que le monde se développe suivant une logique impérieuse le persuadait que la connaissance du passé doit permettre, par simple déduction, la précision de l'avenir. Certes, il a pérégriné, il a gouverné une abbaye, gouvernement qui constitue la pierre de touche d'une maitrise des âmes. Mais il n'a jamais travaillé en pleine humanité frémissante et douloureuse. Dans saint Augustin, on sent l'expérience du monde. Dans saint François, on sentira le frisson de la sensibilité. Joachim, entre eux, apparait comme un pur intellectuel. Nul cœur ne bat dans son œuvre. Il reconstruit l'univers avec des formules.

Sa thèse générale offre une ardente, une implacable spiritualité. L'homme, parti de la chair, doit aboutir à l'esprit pour que s'achève l'histoire du monde, toute vérité ayant été enfin révélée et comprise. Or que voyons-nous jusqu'ici dans la tragédie divine ? La Création, la Rédemption. Voilà les deux règnes successifs qui se sont déroulés, l'un terminé à la naissance du Christ (ou plus tôt, en réalité, mais il vaut mieux écarter les subtilités de Joachim, ne tenir compte que des grandes lignes de sa théophanie), l'autre qui se clôt en ces années de trouble, de doute, de terreur. Mais si nous parvenons à saisir entre ces deux règnes, celui du Père et celui du Fils, un parallélisme certain entre les personnages, une concordance irréfutable dans la marche des évènements, nous n'aurons plus qu'à inscrire, en face de ces personnages et de ces évènements de deux périodes humaines, des personnages pareils, des évènements semblables, qui constitueront ainsi sur un autre plan, avec une exactitude parfaite, la troisième partie de l'histoire.

Pour établir le parallélisme des deux premiers temps, nous possédons l'Ancien et le Nouveau Testament. Pour établir le parallélisme du dernier temps avec les deux premiers, nous possédons l'Apocalypse. À préparer ce tableau, l'abbé Joachim apporta une ingéniosité, une connaissance des textes, une habileté à saisir les nuances, et même à fausser de bonne foi le sens des phrases, qui forcent vraiment l'admiration. Et de la sorte, rassemblant les morceaux épars d'un puzzle sacré, il aboutit à construire enfin par un immense travail de marqueterie une image de l'histoire universelle— image qui sans doute offre un ensemble logique, mais pour le perfectionnement de laquelle il a dû, çà et là, limer quelque relief récalcitrant, forcer quelques aspérités qui refusaient l'engrenage, ajuster quelques coins rebelles.

Les deux premiers règnes—correspondant, en somme aux sacerdoces de Scot Erigène— figurent les étapes de l'humanité vers le spiritualisme absolu. Le premier, dominé par le Père, est celui du mariage, celui où la chair, proche du péché primordial, l'emporte encore. Le mariage, qui règlemente les passions charnelles, est alors le degré le plus élevé de la dignité humaine. Le chef de la famille est prêtre devant le Seigneur, et dépose aux pieds des autels les prémisses de la moisson. Les serments s'échangent sur les cuisses. Ce début de l'histoire, traversé d'idylles qui enchanteront toujours l'imagination des hommes, est illuminé par la splendeur des patriarches entourés de leurs fils et de leurs petits-fils. Tout au long de cette époque, Joachim choisit les personnages particulièrement importants, les évènements les plus remarquables qui lui servirent de prototypes et, la liste dressée, il chercha dans l'histoire du Christ et de l'Église les doublets nécessaires.

Ce second règne, en effet, doit être la réplique du premier, mais porter en même temps à un plus haut degré la spiritualisation de l'être. Il est œuvre du Fils et comporte l'avènement des clercs. Certes, Joachim parlait des clercs avec un dédain visible. Il a nerveusement stigmatisé, grâce à un amusant renfort de comparaisons choisies dans la faune et la flore mystiques, les clercs relâchés et simoniaques qui ne s'arrachent pas au monde, se gobergent dans des palais, trafiquent de leurs bénéfices. Mais, tout de même, à son point de vue, il se trouvait bien obligé d'apprécier dans la cléricature un état supérieur à celui de cette existence charnelle qu'il détestait, de cette joie familiale qu'il repoussait au point de repousser ses parents. Le clerc, même si, mauvais pâtre, il trafiquait dans l'ombre, n'en rendait pas moins hommage par son vœu, fut-il transgressé, à la vertu que prisait particulièrement Joachim. En face de la liste établie pour le règne du Père, il en dressa donc une qui résumait le règne du Fils. Il opposait au précurseur Moïse le précurseur Jean-Baptiste. Il opposait au sabbat précédé du jugement de Sodome, le sabbat précédé de celui de Babylone, il dressait des généalogies parallèles, comprenant un nombre identique de générations, et il aboutissait ainsi à une construction factice, mais harmonieuse, et qui frappait vraiment par sa qualité géométrique.

Ainsi, les deux premiers termes sont posés et concordent avec précision. Il ne reste plus qu'à transcrire en face de cette histoire du passé l'histoire de l'avenir. Elle est là, certainement, dans les textes : le voyant peut l'y suivre, par une lecture symbolique. Il suffira de changer les noms, de mettre un personnage à la place d'Adam, de trouver un précurseur, de prédire un jugement avant le sabbat suprême.

Sous quel signe se développera cette période historique ? La réponse est évidente : ce sera le règne de la troisième personne divine, de l'Esprit. L'épuration continuera, parviendra finalement à son but, la délivrance de l'âme régnant cette fois sur la chair. Les clercs ont commencé cette sublimation des instincts, mais n'ont pas renoncé à la vie active : ils sont restés dans le monde, n'ont pas rompu complètement avec le corps. Les moines porteront donc au plus haut degré, par la vie contemplative et le renoncement absolu, l'exaltation de l'esprit. Et ce règne du Paraclet s'approche, la préparation s'en déroule déjà, sous les yeux indifférents de ceux qui ne voient, qui ne verront jamais que la lettre, comme le règne du Christ s'élaborait au milieu des Juifs aveuglés. L'Esprit, voilé dans la Bible, et qui perce de ses rayons les âmes des apôtres au soir de la Pentecôte, va se révéler dans sa gloire souveraine. Une chronologie sérieuse l'atteste et Joachim sait que la seconde époque ne doit durer, à dater du Christ, que quarante-deux générations.

L'avènement du Paraclet est donc fixé à l'année 1260. Et Joachim transcrit les différents stades de la troisième époque de l'histoire dans une colonne particulière accolée aux deux premières. Les évènements, les personnages, y apparaissent selon un rythme connu, d'après une succession prévue. L'Adam de ce règne spirituel a déjà disparu ; ce fut saint Benoît, père du peuple innumérable et pur des moines. Le précurseur en est Élie, enlevé jadis au ciel sur un char de feu, réservé par l'Éternel pour l'annonciation des derniers jours, et qui, sans doute, médite dans un couvent, prophète inconnu, en attendant son heure. Et bientôt vont éclore les grands ordres contemplatifs, ceux par qui ce monde de chair, de désordre, de haine, sera purifié, organisé, pacifié. C'est là, dans ces affirmations impérieuses, et non dans les inauthentiques peintures de saint Marc, que Joachim a véritablement prédit la venue de saint François et de saint Dominique. C'est dans ses phrases lourdes et vigoureuses, aux répétitions prenantes, aux redites heurtées, que l'on entend frapper en cadence sur les routes de l'avenir le bruit innombrable, les pas chaussés de sandales des pauvres volontaires... Ainsi, se présentait dans son esprit, l'histoire universelle l'Ancien Testament, le Nouveau Testament, l'Apocalypse, en sont le divin triptyque. Nous verrons plus tard, lorsqu'il achèvera son œuvre comment il couronnera de millénarisme cette construction idéologique.

Ces idées n'apparaissent pas, en elles-mêmes, bien neuves. Dans le trouble de l'heure, combien d'esprits attendaient l'antéchrist ? Pour les Vaudois, il devait être le pape. Chaque époque, souillée du sang des justes ramène les imaginatifs à l'attente de cet Être qui annoncera, par sa fausseté, la vengeance véritable. Quant au millénarisme, il a longuement hanté les âmes les plus hautes et saint Augustin lui-même avoue qu'il se laissa séduire par le sabbat des mille années. L'idée d'une accalmie paradisiaque dans le drame angoissant sera toujours une source heureuse pour les hommes lassés par moments de leur lutte austère. Mais le mérite de Joachim fut d'avoir condensé toutes ces imaginations éparses en un corps de doctrine, de les avoir authentifiées par l'examen des textes, et d'avoir fixé au déroulement des scènes une date exacte. Il avait dressé le calendrier de l'Apocalypse.

Si ces études délicates eussent été poursuivies en silence, dans un seul but de curiosité personnelle ou pour l'édification d'un petit groupe de moines, elles n'eussent guère présenté d'inconvénients pour leur auteur. Seulement l'abbé Joachim ne demeurait pas confiné dans son appartement d'exégète. Accompagné d'un de ses secrétaires, il accomplissait, de temps à autre, de brefs voyages, soit pour régler quelque affaire du couvent dont il était l'hôte, soit pour prêcher dans un monastère voisin. Ses hagiographes nous ont conservés d'ailleurs sur ces promenades pastorales de charmantes anecdotes qui annoncent le récit des pérégrinations franciscaines. Une nuit, par exemple, qu'il s'était arrêté avec Luc dans une abbaye cistercienne, il entendit son compagnon se lever à plusieurs reprises, pour boire un peu d'eau. Il rappela sévèrement au jeune moine, et sans doute avec l'amertume du dormeur réveillé, que la règle interdisait de prendre la moindre nourriture ou la moindre boisson hors des heures de repas. Luc s'excusa sur la longueur de l'étape et la dureté du soleil. Joachim ne voulut rien entendre, et lui intima l'ordre de se coucher et de prier. Le malheureux ascète se jeta sur son grabat. Torturé à nouveau par la soif il récita quelques psaumes et la prière lui fut une glace merveilleuse qui le rafraîchit pour jamais. Il devait raconter plus tard que, depuis cette nuit illuminée d'un miracle, il n'avait pas été tenté une seule fois par la faim ou la soif, de transgresser la règle.

Mais il était une soif plus secrète et plus intense que Joachim, non seulement n'apaisait pas, mais excitait. Au cours des entretiens que ces déplacements lui procuraient dans le monde, pendant ces repas qu'il prenait chez des clercs ou des laïcs, sans doute devait-il, avec ce don de spiritualisation où il excellait, amener la discussion la plus banale sur les sujets auxquels il se consacrait exclusivement. Dans les longs réfectoires mal éclairés de résine dont les soubresauts enluminaient les crânes tondus, dans les salles bourgeoises rougeoyant de cire fine, tous alors se taisaient. Des éclairs passaient dans ses phrases, éclairant pour ses auditeurs de subits abimes. Il ne pouvait se retenir de tracer des allusions à ses découvertes, d'entremêler de prophéties discrètes ses moindres vues sur le présent. Il laissait entrevoir que déjà peut-être, dans un de ces monastères où il s'arrêtait ainsi, le prophète Élie se préparait sous un humble froc à sa mission de précurseur. Il supputait les dates, indiquait pour quelles raisons l'heure lui semblait placée sous le sixième signe de l'Apocalypse. Le sixième, et l'histoire n'en compte que sept… Que l'on se figure l'épouvante de ceux qui l'écoutaient discourir de la sorte, avec une gravité de prophète. En sortant de ces entretiens, les plus sceptiques des auditeurs frémissaient, ajoutaient d'autres précisions, tirées des évènements, aux précisions scripturaires de Joachim, entrevoyaient dans les catastrophes d'Orient, dans la prise du Saint Sépulcre, dans la multiplication des sectes, dans l'insolence des hérésies, les marques certaines de la fin du monde. Ils regardaient autour d'eux, cherchaient à distinguer les dix chefs qui recevront autorité pendant une heure avec la Bête, et combattront l'Agneau. Ils levaient leurs regards vers le Ciel, s'attendaient à voir le soleil devenir subitement noir comme un sac de crins, et les étoiles tomber comme des figues vertes… « Cachez-nous ! allaient dire les riches, les puissants et les esclaves, aux roches des montagnes, car le jour de la colère est venu, et qui peut subsister ? »

Éternelle soif de la Justice ! Partout et toujours ceux qui souffrent en appelleront à l'heure du tribunal suprême. Dans le cœur de l'opprimé, dans l'esprit du vaincu, brillera toujours cette petite et fixe lumière. Celui-là même qui, malade, voit les plus humbles joies du monde lui échapper, dévore en silence ses larmes, se raidit avec orgueil contre son âpre destin, et conserve secrètement son espoir dans un jour d'égalité où il recevra la compensation de sa vie misérable. Ayant semé ses sourdes menaces, l'abbé Joachim pouvait bien rentrer dans sa cellule studieuse, reprendre ses vérifications, animer de visions un monde géométrique : ses auditeurs de la veille chuchotaient encore. Ses idées, ses allusions se répandaient avec une étrange rapidité. Les marchands ambulants les colportaient amplifiées ; les frères allant d'un monastère à l'autre se les répétaient en se donnant le baiser de paix. Dans cette mystique Calabre les signes du jugement semblaient sortir de terre, funèbres et lumineux, et poursuivre les voyageurs de nuit comme des feux follets jaillis de la cendre des morts.

Aussi des blâmes ne tardèrent-ils pas à atteindre Joachim. Par sa conception de la vie monacale il exaspérait son ordre. Ses supérieurs hiérarchiques avaient été blessés de son recours personnel au souverain pontife ; ils le jugeaient un moine inquiet, d'âpre caractère, ne se sentant nulle part en sécurité, poussé sans cesse vers quelque nouveau monastère, en même temps qu'un abbé indépendant, subordonnant le statut cistercien à sa propre autorité, n'hésitant pas à délaisser ses ouailles pour se livrer à des travaux suspects. Certes, Joachim n'avait encore publié ni même achevé son *Psalterion,* et ne pouvait, par conséquent, être soupçonné d'hérésie. Mais les cisterciens connaissaient la nature de ses études, et devaient se répéter, à son sujet, le mot définitif de saint Bernard : «Ma philosophie, c'est Jésus crucifié». À quoi bon ces recherches bibliques ? À quoi bon vouloir écarter les voiles que Dieu jugea nécessaire de placer entre l'avenir et nous ? Un moine doit suivre la Règle. Joachim n'avait pas adhéré à la congrégation cistercienne pour établir des concordances entre les personnages de la Bible et ceux de l'Évangile, et lier deux à deux les persécutions d'avant l'Incarnation et les persécutions d'après la venue de l'Esprit. Il n'était pas abbé pour prendre des congés de deux ans hors de son abbaye, pour abandonner des moines révoltés contre la férule de son successeur et prêts à désagréger leur monastère. Et quel signe, d'ailleurs, possédait-il de l'authenticité de sa mission ?

Mais, et cette fois par sa conception de l'histoire, il s'attirait d'autres animosités. D'abord, le clergé ne pouvait que s'émouvoir de ses déclarations sibyllines. Le second règne qui s'achevait était celui des clercs. Si le troisième, dont saint Benoît avait donné le lumineux signal par la fondation de ses abbayes, s'affirmait réellement comme celui des grands ordres contemplatifs, que deviendrait l'Église ? N'apparaitrait-elle pas très vite comme inutile par son infériorité spirituelle? Sans doute Joachim parlait-il volontiers du triomphe de l'Église virginale. Mais que signifiait ce vocable? Il ne s'agissait pas, aux yeux des prêtres qui s'inquiétaient de telles doctrines, d'une Église enrichie d'une épithète : il s'agissait de l'Église tout court, de l'Église véritable du Christ, avec sa hiérarchie précise, ses dogmes définis, ses sacrements, ses prélats, son Sacré Collège, et son pontife. Que deviendraient cette hiérarchie, ces sacrements? Certains critiques minutieux discernaient déjà un blâme excessif dans cette simple prétention de substituer une nouvelle Église à celle qui existait depuis des siècles et dont les moines faisaient partie à leur rang, avec leurs privilèges et leurs devoirs bien définis. Annoncer son remplacement, n'était-ce pas proclamer son insuffisance? Ces clercs, que l'on sacrifiait ainsi dans l'ascension du monde vers le plan spirituel, étaient donc si peu dignes de respect? Remplissaient-ils si mal leur rôle de ministres de Dieu? Ces questions insidieuses ne pouvaient qu'animer contre Joachim un grand nombre de ces prêtres qu'il cherchait à déposséder de leur maitrise morale.

Le pouvoir public, d'autre part, ne pouvait-il pas éprouver quelque crainte en entendant prophétiser la revanche prochaine des pauvres? On ne connaissait que trop cette pauvreté altière qui finissait par la destruction des biens, l'annulation de la propriété individuelle, l'anathème sur les familles : les mendiants chastes, probes et illuminés, en marche sur les routes du Midi, signifièrent plus d'une fois le bouleversement de l'ordre social. Les gouvernements se méfient avec une juste facilité des citoyens qui se déclarent parfaits, la perfection se révélant rapidement tyrannique. Les Vaudois, les Albigeois, les Cathares, d'autres sectes encore, celles-ci réduites au groupement de quelques excentriques, suffisaient largement à occuper les loisirs des représentants de l'autorité. Joachim allait-il susciter en Calabre quelque hérésie, plus sociale encore que religieuse, et réunir tous les exaltés du sud de la Péninsule aux tribus des Vaudois du nord de l'Italie, de la Provence et de la région lyonnaise?

Certes, ces arguments n'étaient pas ramassés en un faisceau précis; plutôt flottaient-ils parmi les appréciations portées sur Joachim dans les conversations particulières d'un certain nombre de moines et de laïcs. Et puis la haute réputation de sainteté de l'abbé, l'intégrité superbe de sa vie, la considération dont continuaient de l'honorer les papes et les dignitaires de l'Église le sauvaient encore de tout blâme direct. Toutefois ces méfiances subtiles, cette lointaine, mais continuelle opposition de ses supérieurs et de plusieurs personnalités cisterciennes, le gênaient sournoisement dans ses travaux. Non pas qu'il doutât de leur légitimité, mais il sentait bien qu'il n'était nullement en règle avec son ordre, et qu'en définitive il avait mis ses supérieurs en présence d'une décision papale. Et puis, il ne pouvait pas ignorer que l'abbaye de Curace devenait en son absence une magistrale pétaudière, vociférant sous la crosse géminée et impuissante du malheureux abbé de Fosseneuve. Sans doute la fièvre soutenue dans laquelle il travaillait, le monde étrange de symboles et d'images, traversé de grandes ombres, au milieu duquel il vivait le reprenaient, l'arrachaient à ses doutes. L'ordre pontifical soutenait, justifiait, redoublait son zèle.

Sur ces entrefaites, mystérieux et tenace ennemi toujours grondant aux confins de la chrétienté, Saladin s'empara de Jérusalem. L'évènement prit dans les imaginations morbides du temps un relief satanique. Un reflet d'enfer éclaira l'assaut de la ville sainte. Joachim en fut quitte pour découvrir dans le prince arabe le premier des dix rois prédits par l'apôtre Jean et qui recevront autorité pour une heure. Mais le violent Urbain III, qui ne recherchait point les concordances, en mourut de colère dans son palais de Ferrare.

VII

En apprenant la mort du pontife, Joachim découvrit dans cet évènement funèbre l'occasion de mettre fin aux menées occultes, monastiques ou séculières, qui menaçaient sa réputation et sans doute aussi de se libérer définitivement d'une autorité dont il craignait quelque éclat décisif. Soupçonna-t-il, d'autre art, que s'il ne reprenait pas contact avec la cour romaine, l'appui du futur pape pût lui manquer, et qu'il se trouvât de la sorte abandonné à la merci de ses supérieurs ? En tout cas, il colligea les manuscrits inachevés, de ses trois ouvrages. Puis, remerciant ses collaborateurs d'un zèle qui ne s'était pas démenti pendant deux années, il quitta, à la fois avec regret et soulagement, le scriptorium où il gouta de hautes joies spirituelles, mais entendit rôder autour de lui de vagues suspicions. Il dut jeter sur le décor d'église, de fermes, de cyprès, le profond regard de l'érudit qui délaisse son asile. Cette chapelle, c'était sous sa voute qu'il eut la révélation du symbole trinitaire ; ce cloitre, il s'y promenait au crépuscule, commentant aux moines attentifs les versets obscurs ; ces humbles jardins eux-mêmes, il y avait arraché les choux qu'il fit servir au frère Luc en un diner miraculeux, pour le délivrer de ses maux d'estomac. Et de leur côté les moines durent voir à regret s'éloigner cet homme étrange, entouré de chuchotements, qui jetait sur leur monastère une lueur de sainteté bizarre.

Aussi bien son retour à Curace s'avérait-il tardif. Il y trouva l'anarchie. Ses hagiographes ne nous donnent sur l'état de cette abbaye que des renseignements très généraux. Mais nous savons, par les satiriques du temps, ce que signifiait alors le relâchement dans un monastère ; les moines avaient dû s'égailler, quelques-uns se risquer dans le monde, se préoccuper d'affaires temporelles, les moins hardis se contentaient d'écorner la règle, et de faire à Dieu et au travail une part minime. La sévérité de l'ordre demandait, pour porter ses fruits, la continuelle présence d'un animateur discret et puissant, prêchant l'austérité par son seul silence. Et dans la circonstance les moines frondeurs avaient dû mener la vie dure au malheureux abbé intérimaire.

Joachim, délaissant tout souci d'exégèse, consacra plusieurs mois au relèvement moral de l'abbaye dont il se sentait comptable devant Dieu. Les

Emmanuel Aegerter

manuscrits dormirent dans l'armorium, sous clé, près du Droit civil abhorré. Bientôt, grâce à cette direction ferme et ce pur exemple, le monastère reprit sa vie coutumière de silence, de ferveur et de travail. Entretemps, soucieux de reconnaitre les dévouements dont il venait de bénéficier, Joachim avait fait nommer abbé de Sambucine son ancien secrétaire Luc. Cette nomination fut d'ailleurs l'occasion d'un de ces miracles charmants qui s'épanouissent rarement en roses timides et fraiches, dans le sec intellectualisme de cette existence. Frère Luc, nous l'avons vu plus haut, bégayait affreusement. Il s'effraya de sa dignité nouvelle et la refusa en prétextant cette infirmité qui le rendait, affirmait-il, inapte aux tenues de chapitre et aux sermons. Joachim, implacable, lui donna l'ordre d'accepter. Alors, avec une foi touchante dans la sainteté de son vieux maitre il s'inclina. Le matin de son intronisation, il monta paisiblement en chaire pour la harangue d'usage. Et, subitement, après quelques butements de langue qui ne firent que rehausser le miracle, il prêcha avec une aisance et une netteté parfaites devant son troupeau monacal frissonnant d'extase. De tels récits, propagés avec soin par des disciples heureux, donnaient à l'abbaye régénérée un lustre plus vif encore que par le passé et les pieux retraitants y affluaient. Quelques-uns, baignés par le charme sombre de ce monastère et la mystérieuse sainteté de l'abbé, y revêtaient définitivement la bure cistercienne. D'autres y passaient des années avant de prononcer leurs vœux, dans un état mi-laïc, mi-religieux, sorte de liberté enchaînée, et menaient au milieu des moines une vie assez semblable à celle que devaient plus tard illustrer les solitaires de Port-Royal. Parmi ces derniers figurait, à cette époque, un riche gentilhomme, René Capoccio, qui s'attacha particulièrement à Joachim et lui servit longtemps de secrétaire bénévole. Les biographes lui donnent une certaine importance dans les décisions de Joachim, et dom Gervaise le désigne même comme l'inspirateur du *Commentaire d'Isaïe* qui devait paraitre au début du siècle suivant. L'erreur est ici manifeste, cet ouvrage apocryphe étant l'œuvre d'un joachimite du XIIIe siècle. En réalité, Capoccio, entré par ses fonctions dans l'intimité spirituelle de Joachim, dut surtout l'entreprendre sur son œuvre interrompue, le questionner curieusement sur ses projets, et lui faire ainsi regretter plus amèrement d'en avoir suspendu l'achèvement. Entré de la sorte dans les confidences de son maitre, il devait être le premier religieux de Flore et, par la suite recevoir la prêtrise et mourir cardinal.

Les affaires de l'Église, pendant cette trêve active dans l'existence de l'abbé Joachim, paraissaient cependant plus embrouillées que jamais. Grégoire VIII qui venait de succéder à Urbain III ne tardait pas à disparaitre, et Paul

Scholar, évêque de Preneste, montait aussitôt sur le trône pontifical sous le nom de Clément III. À vrai dire, le spectacle universel aperçu du haut de ce trône n'était guère rassurant et pouvait donner le vertige. En bas, au pied des marches sacrées, le monde bouillonnait. Les hérésies se multipliaient, surgissant çà et là en subites explosions qui attestaient l'existence de forts courants souterrains. La guerre divisait les rois d'occident qui eussent dû s'unir pour la délivrance de Jérusalem et faisaient couler le sang chrétien pour leurs seules convoitises territoriales. Si le souverain pontife portait plus loin son regard, au-delà des mers, il voyait la ruée musulmane emplissant l'Asie d'une immense rumeur de bataille, et, tout à l'horizon les coupoles de la Ville Sainte occupée par les infidèles lui semblaient un appel désespéré. Et si la chrétienté, à cette heure, se déchirait dans les luttes de France et d'Angleterre, comment s'étaient-elles effondrées, ces royautés d'Orient, dans un épuisement achevé à coups de lance! On avait vu rayonner sur ces trônes chrétiens le concubinage et le divorce, des filles de prince passer de bras en bras, et la puissance franque agoniser avec ce malheureux roi lépreux, tombant en morceaux au fond de son palais oriental, aveugle, puant le charnier, recroquevillé dans son épouvante d'impuissant. Ne valait-il pas mieux vraiment, la disparition de ces potentats que le spectacle de leur avilissement? Le nouveau pontife trouvait donc une Église menacée dans ses frontières spirituelles et matérielles. La Bête de l'Apocalypse montait sur l'horizon de la mer. Joachim, toujours préoccupé des difficultés de son propre domaine, jugea inopportun de saisir de ses seules anxiétés un pape assailli par de tels problèmes.

Ce fut le pape qui l'envoya quérir. Un beau jour d'avril de l'année 1188, l'évêque de Martiniano heurtait à la porte de l'abbaye, et signifiait à Joachim, d'un ton sans réplique, la teneur de l'ordre papal dont il était porteur. Clément III, dans une lettre élogieuse, rappelait à Joachim que les dons de Dieu ne sont pas départis vainement aux hommes, et que celui de la sagesse implique pour ses bénéficiaires de hauts devoirs d'altruisme. Il lui enjoignait donc d'avoir à terminer les ouvrages qu'il poursuivait sous les pontificats précédents et de les présenter sans retard au Siège apostolique. Il terminait en le menaçant du Jugement de Dieu qui lui demanderait compte, quelque jour, des talents inemployés. La mise en demeure était péremptoire.

Quel souci avait pu dicter au pape cette lettre au milieu des difficultés qui entouraient son avènement? Peut-être, en présence de tant de menaces directes ou voilées, cherchait-il un prophète pour lui révéler l'avenir comme plus tard Philippe Auguste et le roi Richard devaient s'en référer à l'abbé de Flore des chances de succès de la croisade que leur prêchait précisément ce même pontife. Mais, plus probablement, Joachim avait dû s'assurer au cours de ses précédents séjours à la cour pontificale, la protection de certains cardinaux ou de quelques dignitaires. Il avait certainement produit une impression profonde dans l'entourage ecclésiastique de Lucius III et d'Urbain III, et ses conversations sibyllines colorant d'étrangeté la noblesse de sa vie avaient dessiné de lui un personnage bizarre, mais sympathique. L'homme qui marche escorté de chimères produit toujours une secousse nerveuse sur les passants. Qu'il eût joué des circonstances comme un banquier de la hausse, travaillé à raffermir et multiplier ces protections tonsurées, demeure aisément dans la norme de la mystique. Les visionnaires affirment volontiers au regard de leur doctrine un prosélytisme tenace et avisé, et Joachim, si j'ose cet anachronisme, avait dû être machiavélique en l'honneur de l'Apocalypse. Il est dès lors probable que ses protecteurs s'empressèrent de prévenir en sa faveur ce pape qui venait à peine de revêtir la soutane blanche. Un tel procédé expliquerait bien le ton pressant et la bienveillance du bref, en même temps que sa réserve, discrète, presque indistincte : la prière de soumettre les ouvrages achevés, leur encre encore fraiche, à la myopie, errant au ras des pages, des inquisiteurs. Clément III brulait sans doute de découvrir les prophéties, mais se réservait prudemment d'en faire vérifier la valeur. Il avait écouté les voix précises et ardentes des amis, mais aussi repéré le lointain murmure des désapprobateurs : sa sagesse était à deux tranchants. Joachim s'effraya, parait-il, discuta, mais vainement. Bref en main, l'évêque fut inflexible. Toutefois le conflit, s'il eut véritablement lieu, dut être rapide, et sans doute Joachim vit-il aussitôt tout le parti qu'il pouvait tirer de cet incident théologique. En tout cas il tira du scriptorium les manuscrits délaissés, choisit le plus avancé, la *Concordance des deux*, le termina en hâte, et s'achemina vers Rome, bien décidé cette fois à régler définitivement la lourde question du gouvernement de l'abbaye. Même dans ce fourmillement laborieux qui l'entourait d'une activité excitante, même au milieu de ce peuple monastique qu'il animait de sa fièvre, sa vieille idée ne l'avait jamais quitté son désir de déposer la dignité abbatiale. En réalité, plus inquiet que jamais, il haletait vers l'indépendance. Il ne se l'avouait peut-être pas, en traversant la fadeur désolée des campagnes romaines, mais à l'avance il posait clairement la question pour le pape qui le mandait à sa cour : abbé ou prophète. Plus jamais les deux ensemble. Ses mains jointes autour du bréviaire cahoté à dos d'âne sur quelque ruban muletier de l'Apennin, il voyait, entre les oreilles croisées et décroisées de sa monture, une route encore incertaine.

À Rome, il fut reçu par tous avec un respect et une affection qui ne se démentirent pas. Clément III se montra astucieux et affable. Il accepta avec joie l'offre de l'ouvrage terminé et le transmit aussitôt aux commissions cardinalices.

Pendant cet examen du manuscrit, Joachim, habitué maintenant à ce contrôle ecclésiastique et ne voulant pas aborder le but véritable de sa démarche, visita Rome. C'était la première fois qu'il se trouvait dans cette ville. Avec son sens de l'histoire et son gout, il dut subir des terreurs légendaires, il dut subir une enthousiaste et sombre ivresse. Il évoquait, il ressuscitait des heures terribles. Sur cette grande place stylisée autour de l'élan d'un obélisque, fleurissent les jardins qu'illuminèrent, par des nuits tragiques et saintes, des torches humaines : les cheveux pétillaient, la graisse coulait et craquait, des râles affreux sortaient d'une vivante lumière, et Néron passait, lourd, gras et lauré... Ces martyrs entrouvrant leurs paupières brûlées croyaient voir l'antéchrist en ce jeune empereur, en cet histrion bouffi et monoclé ; mais depuis des siècles, sa cendre était froide au tombeau des Domitius ; Joachim savait bien que ce mauvais cocher n'était pas l'antéchrist, que l'adversaire véritable de Jésus grandissait, au contraire, à cette heure même, dans quelque ville italienne ou palestinienne, qu'il apparaitrait bientôt pour préluder au drame inévitable... Il allait au travers de la Cité qui frappe l'imagination par son côté noble et par son côté sensuel, par ce mélange unique du monde chrétien et du monde païen — au travers de la ville où s'usèrent, dans un conflit sans issue, de grandes forces humaines.

Lorsqu'il paraissait au Palais de Latran, résidence favorite du pape, les dignitaires ecclésiastiques s'empressaient autour de lui. Une fois de plus, il retrouvait dans le monde l'effroi des menaces voilées de l'Apocalypse, et, finement, il se rendait très bien compte que ce n'était pas le livre qu'il venait de soumettre aux critiques des princes de l'Église qui excitait ainsi les curiosités, mais bien celui qu'il n'avait pas encore terminé. Qu'importent les concordances du passé ? Ce que veulent connaitre les hommes, c'est l'avenir. À son ordinaire, Joachim fut un sombre prophète. Toujours prêt à frapper les âmes, nullement désireux de plaire, il évoqua l'embrasement de Sodome qui précéda la première période sabbatique, et crut pouvoir appliquer au temps présent certaines prédictions apocalyptiques particulièrement difficiles. Dans les audiences papales, seul à seul avec le pontife, ou dans les couloirs du palais, au milieu des groupes de prélats, il semait d'inquiétantes allusions. L'impression produite par ce moine hirsute, sale, au froc suspect de vermine, dressé comme un anathème vivant avec son visage puissant auréolé de miracles, fut prodigieuse.

Il en tira profit très habilement. Un mois ne s'achevait pas que Clément III lui transmettait l'assentiment des cardinaux, le félicitait de son œuvre et l'adjurait de terminer ses travaux sur l'Apocalypse.

Sur cette dernière exhortation, Joachim qui, jusque-là, s'était réservé, joua brusquement sa partie, demanda de résilier ses fonctions abbatiales. Le pape hésitait. Il insista. Il énumérait d'excellentes raisons. Comment pourrait-il s'occuper à la fois d'assurer les mille intérêts corporels du présent, et de dévoiler la grande vision spirituelle de l'avenir? Il retourna contre le pontife les termes mêmes du bref qui l'avait cité au Palais de Latran. Clément III, toujours enclin à s'éclairer sur ces délicates affaires, voulut encore en référer à ses cardinaux et lui fixa l'audience définitive pour le lendemain.

Ce dut être pour l'abbé Joachim une vibrante soirée. Son sort se jouait à cette heure. Vraiment le joug cistercien lui pesait si lourdement aux épaules et à l'âme! Il traversa, au crépuscule, la ville éternelle. Les soirs de Rome sont d'une majesté violente, grave, et comme chargés d'histoire. L'abbé pensif pouvait voir dans les flammes célestes du couchant la prémonition de tout proches évènements. Tandis que s'avançait la catastrophe, qu'allait décider ce conseil de vieillards voutés sous leur pourpre? Par leur incompréhension resterait-il lié, incapable au fond de son cloitre, dans sa cellule transformée en prison, de crier au monde son angoisse?

Chez les cardinaux comme chez le pape, la curiosité l'emporta. Le moment était d'un trouble tel que tout homme s'acharnait à deviner l'avenir. Le lendemain, Clément III annonçait à Joachim qu'il l'autorisait à se démettre de ses fonctions, à choisir une retraite judicieuse, et à se consacrer dorénavant tout entier à son œuvre théologique.

Joachim se hâta de regagner Curace, et dès le matin de son retour, désigna pour lui succéder Frère Jean, que les moines élurent sans difficulté. Il pressa toutes les formalités, craignant que l'abbé général ne fut averti avant la rupture complète. Le dernier chapitre qu'il présida fut douloureux, mais l'esprit d'inquiétude qui le tenait demeura, comme jadis, le plus fort. Il repartit sur les routes ainsi que la nuit où il fuyait cette même dignité, qu'il venait de déposer, mais, cette fois, sans possibilité de retour. Il prit avec lui René Capoccio, et gagna, proche de Curace, la solitude de Haute-Pierre. C'était au début de l'hiver. Le froid vibrait âprement dans ces hautes montagnes couvertes de neige. Un pâle soleil éclairait la figure transitoire du monde proche de sa fin. Les deux évadés n'entendaient que la chute profonde et sourde des avalanches, et le croassement virant et cinglant au-dessus de leur tête, d'innombrables corbeaux. Joachim se sentait délivré. Il avait rompu, enfin, avec les charges alourdissantes du monastère, les maugréements des supérieurs soupçonneux, les chaines de l'ordre tatillon. Il ne considérait pas seulement qu'il avait déposé sa dignité, mais encore qu'il avait rompu avec Cîteaux. Il allait se jeter dans son œuvre. Il respirait cet air glacial avec une ivresse froide, comme l'atmosphère même de l'abstraction.

Et cependant, il ne devait pas vivre longtemps dans cette solitude sans donner trop raison à ces mêmes supérieurs qui incriminaient son esprit d'indépendance, son caractère autoritaire, sa perpétuelle inquiétude, toujours créatrice de réalités nouvelles. Mais cette halte sereine dans un paysage désolé lui fut un âcre enchantement. Debout dans la lumière divine, son disciple à côté de lui, il contemplait les cimes neigeuses, ces pins saturés de résine, élancés vers le ciel comme des torches toujours prêtes, ces pins qui flambent à la moindre étincelle et qu'il avait comparés, illuminateurs qui se consument, aux moines brulant de piété. Il voyait dans le monde spirituel les reliefs de l'avenir, avec la même netteté que les accidents du paysage mortel dans cet air lubrifié. Tout lui était symbole dans cette nature grandiose comme dans les livres sacrés. Et près des deux pèlerins, le torrent roulait, semblable au temps, avec le rapide et sourd grondement d'une menace, reflétant le ciel et emportant des colères.

VIII

L e scandale fut énorme dans l'ordre. Les vieux copistes eux-mêmes, dans leurs ateliers multicolores, en levèrent leurs têtes chauves de leurs manuscrits à lettres onciales et majuscules fleuries. Cette Réforme de Cîteaux, austère, intransigeante, enchainant ses obédients par des prescriptions minutieuses, ne pouvait accepter un tel acte d'indépendance de la part d'un de ses fils les plus dangereux, certes, mais aussi les plus illustres. Histoire multipliée! L'abbé de Curace devenait au regard de ses supérieurs un apostat. Libres de toute contingence, ils eussent foudroyé de leurs anathèmes l'ancien abbé enfui dans les montagnes. Mais trois fois déjà, Joachim, affectant le mépris des strictes défenses du statut cistercien, s'était adressé directement au Saint-Siège. Trois fois ils avaient dû se taire, devant l'approbation pontificale. Et le voici maintenant qui reniait la dignité abbatiale, abandonnait son troupeau, secouait la poudre de ses sandales sur les marches de sa stalle? Étrange prophète qui commençait par mépriser la hiérarchie, déchirer ses engagements, déserter la lutte commune! Les chapitres fulminaient. Mais ils oubliaient, ces abbés autour desquels le clocher de leur abbaye traçait sous la marche du soleil un grand cercle d'ombre, que toujours l'homme prédestiné devra briser avec toute règle établie, avec toutes les obligations du présent, pour promouvoir l'avenir. L'essence du prophète est la révolte individualiste. Jamais les saints ne se sont tus. Qu'avait fait le fondateur lui-même de l'ordre qu'ils gouvernaient maintenant, qu'avait fait saint Bernard, que de quitter Cluny? Et saint Bernard avait gouverné la chrétienté, rénové le monachisme, lâché les croisades sur l'Orient païen...

Pour indignés qu'ils fussent, d'ailleurs, ces moines diplomates, immobilisant leurs faces rases, se drapèrent dans leur froc de teinte neutre. L'autorisation du pape transformait la fuite de Joachim en retraite approuvée et bénie. Ils ne condamnèrent donc pas formellement le fait lui-même et menèrent tout d'abord contre leur ancien collègue une lutte amère, sourde, féroce qui continuait, mais en la précisant, la campagne de soupçons et de murmures commencée depuis longtemps, et sagement attendirent l'occasion, dont ils savaient bien qu'elle leur serait offerte avant peu, d'une guerre ouverte, justifiée et sans merci. Les incidents qui devaient marquer le départ des rois de France et d'Angleterre pour la croisade allaient leur en fournir le motif.

Les dénonciations, les reproches, ne firent d'ailleurs que précipiter vers le désert où Joachim méditait de s'établir, une foule de disciples. Dès qu'un ascète affirme sa volonté de vivre seul, il est aussitôt entouré d'imitateurs. Nul ne peut ignorer, désormais, que Joachim venait de se retirer dans les forêts de l'Apennin. La cabane de pâtre qu'il édifia de ses mains fut assiégée de mendiants de la foi, d'affamés de la solitude. Ce mystérieux visionnaire, écouté des papes, visité par les anges, cet ermite vieillissant qui connaissait le secret du monde hantait les imaginations. Les apprentis de l'ascétisme l'entrevoyaient sous la sanglante déchirure d'un éclair, pensif, au bord d'un torrent. Peu résistaient à cet appel hallucinatoire. L'affluence devint toutefois assez considérable, assez gênante, pour qu'il songeât sérieusement à fuir dans un désert plus secret.

Nous touchons ici à un point délicat de la vie de Joachim. Il vient de solliciter du pape l'autorisation de déposer enfin cette charge d'abbé sous le très plausible prétexte que les occupations et les responsabilités d'un gouvernement d'abbaye ne lui laissaient point les loisirs utiles à ses recherches d'exégèse. La solitude et l'indépendance lui étaient, affirmait-il, indispensables pour obtenir un résultat dans ces études difficiles. Et quelques mois à peine après avoir obtenu de se libérer de tout souci administratif, de toute juridiction spirituelle, le voici qui fonde une abbaye, qui crée un ordre. Il jugeait impossible de gouverner un couvent, le voici qui va diriger une congrégation. Il ne pouvait assumer la conduite de quelques moines, le voici qui s'entoure de disciples. Agissait-il ainsi par lassitude d'un joug trop pesant ? Il rédigera une règle plus sévère que celle de Cîteaux, qui renchérissait déjà en austérité sur le statut de Cluny. Par gout de domination ? Il savait bien que le fait de créer un ordre en face de celui qu'il quittait lui vaudrait d'âpres attaques et une opposition acharnée. Je crois qu'il faut ici en revenir à son caractère violent autoritaire toujours dompté, certes, toujours mâté par les vertus monastiques, mais qui, par une voie détournée, indistincte, insoupçonnée sans doute de lui-même, prenait sa revanche masquée. Et puis, si nous descendions en une région ignorée de sa propre conscience, n'entreverrions-nous pas le sentiment de sa puissante originalité, la notion de l'influence qu'il devait prendre en ces heures vagues qui précédaient la venue du Paraclet ? Son caractère, il pouvait le croire assagi, ce sentiment, il l'ignorait. Mais c'est à ces puissances silencieuses qu'il obéissait sans doute lorsqu'il décidait de fonder un ordre nouveau.

Chose étrange! Au moment où il le fonde, cet ordre, il semble qu'il n'ait pas eu foi en sa force. Alors qu'il affirmait que l'époque dont le seuil était proche verrait le règne des moines, alors qu'il prophétisait la venue d'un ordre religieux qui rénoverait le monde chrétien, n'eût-il pas été naturel qu'il vît dans sa propre congrégation ce merveilleux instrument de régénération? Quoi? L'heure sonnait, d'après les calculs mystiques, où l'ordre sauveur allait apparaitre, et l'ordre qu'il fondait, lui, l'annonciateur des temps nouveaux, ne serait pas celui-là? Quoi? Il ne bâtirait pas l'église dont il avait dessiné le plan? Et cependant, pas une minute, Joachim n'envisagea pour sa famille spirituelle ce prodigieux avenir. Jamais il n'imagina qu'il pût être le moine prédestiné à cette tâche.

Sans doute, avec ce sens pratique qui se révélait très réel dans la conduite des affaires temporelles, comprit-il qu'il n'avait pas trouvé la grande idée animatrice qui lui eût permis de créer l'ordre dont il sentait la fondation nécessaire. Intellectuel pur, il ne soupçonna pas la force de sentiment qui couvait dans certaines des formules qu'il appliquait. Mais il n'hésita pas.

Sa résolution prise, il partit, escorté de deux laïcs, à la recherche de la solitude où il pourrait trouver le calme en organisant par l'instauration d'un monastère ce fourmillement gênant d'activités pieuses. Plus haut. Il monta plus haut. Il s'arrêta dans un terrain fertile cerné de deux ruisseaux, fermé de forêts épaisses, au-dessus desquelles brillaient les hautes neiges des montagnes de Sylla. L'air était vif, salubre, purifié par les glaces voisines. Sur ces prairies déroulées en nappes vertes, sur ces eaux fraiches, à l'orée de futaies profondes de pins et de châtaigniers flottait le calme d'une idylle évangélique. Cette solitude s'appelait Flore. Il en prit possession avec la sérénité des révolutionnaires qui, ne désirant pour eux aucun bien, disposent volontiers du bien universel. Puis il redescendit à Haute-Pierre chercher Capoccio et ses disciples. Parvenus à Flore, ceux-ci s'émerveillèrent devant cette solitude paradisiaque, et tout aussitôt, en chantant les louanges de Dieu, bâtirent une sorte de village alpestre en branchages et boue séchée, s'installèrent hâtivement dans ce campement de bohémiens spirituels, et défrichèrent les terres d'alentour. Le printemps exquis du sud de l'Italie rayonnait sur ce campement d'exilés du ciel, tandis que dans sa cabane directoriale, Joachim, après avoir réglé tant au temporel cette fois qu'au spirituel, la prise de possession de ce lambeau de montagne, préparait un statut plus conforme à ses sentiments que celui de saint Bernard, rendant plus de magnificence au culte et la primauté à la méditation. Sans le savoir, il agissait selon sa thèse favorite, et ces heures de fermentation des pensées, d'évasion vers un renoncement joyeux, préfiguraient les grandes journées franciscaines qui allaient se lever sur l'horizon du XIIIe siècle. Pour peu de jours, une allégresse de cœurs délivrés entourait le sombre moine.

Cette imprévoyante béatitude énerva-t-elle Joachim ? La tradition veut qu'il ait alors prédit de douloureuses aventures à ses disciples. Désormais délivré de l'oppression d'une règle qu'il subissait revêchement, il devenait vraiment lui-même, affirmait son caractère, sculptait son personnage. Il se poussa au noir.

Il ne faut pas chercher les raisons de l'admiration dont il était l'objet dans une dilection particulière, dans un don infini du cœur. Converti, comme plusieurs saints illustres, par l'effroi du devenir de la chair, par la vue soudaine de la pourriture, il méprise le corps. Il voit ramper sur lui, toujours, les phosphorescences du sépulcre. Ses imaginations étaient rudes. Il vivait, il voulait que l'on vécût pour le Jugement. Il convient de lui appliquer l'excellente remarque de William James, que n'ayant pas vécu de vie sensuelle, il n'aura pas le don des larmes, et rappeler à son propos que le philosophe américain voyait, dans l'austérité, une transposition sainte de l'irascibilité, de l'humeur combattive. Il était semblable au buisson-ardent : une lueur mystérieuse au milieu d'un fourré de ronces.

Il emmena trois de ses récents fidèles, Bonace, Pérégni et Jacques, jusqu'aux cimes de Sylla, jusqu'à ces hauteurs d'où l'on devine un vaste et sublime horizon ; et là, contemplant les plaines désolées qui descendent vers la mer, il leur aurait confié d'imminentes et personnelles tribulations. Une telle démarche, solennelle, étrange, était bien dans le caractère de Joachim, mais elle prend une allure messianique qui nous permet d'être défiants. Cette scène, dans l'apparition des montagnes dégagées de leurs noires forêts, avec autour de Joachim les trois disciples, et, tout au loin, la vieille terre païenne des mystères impurs, apparait un peu trop comme une épreuve affaiblie, une réplique humaine du Thabor. Les commentateurs n'ont pas manqué, du reste, de souligner avec emphase à la fois ce facile rapprochement et cette différence profonde, en peignant un Thabor de ténèbres et d'affliction. Mais que la prédiction ait été faite ou non, la catastrophe arriva, violente, et véritablement imprévue.

Une belle aube, les soudards de Clément III envahirent les laures paisibles, s'emparèrent des religieux, les dépouillèrent de leur bure, et les attachant à leur symbole joachimite, les solides pins de la forêt, vergetèrent furieusement les fesses monastiques avec les osiers amers de la Neth. Des gémissements s'élevaient sous les arbres, des cris, des protestations ardentes. Vainement. Pénétrant dans les pieuses cabanes, les soldats en volèrent les hardes pouilleuses et les maigres provisions. Ils trièrent ensuite les moines, tout bleus encore de leur fustigation, pour des supplices variés propres à susciter l'aveu des dernières cachettes. Allumant des brasiers, puisant au torrent, ils leur chauffèrent les pieds, les gorgèrent d'eau qu'ils leur faisaient vomir en s'asseyant sur leur ventre, leur tenaillèrent les côtes avec des pinces rouges. Ironiques séides d'un béatificateur, ils n'oublièrent rien de ce qui peut créer des martyrs. Tout fut saccagé. Puis ils partirent, laissant après eux une odeur de graisse brulée et des tourbillons de fumées noires. Le premier effort de Joachim pour l'organisation d'un ordre était anéanti.

La cause de ces saturnales sacrilèges dont Joachim et ses moines ne soupçonnaient pas la possibilité était à la fois compliquée et dynastique. Guillaume le Mauvais étant mort sans enfants, son neveu Tancrède, fils naturel du roi Roger, avait effacé ses engagements envers Henri, fils de l'empereur, et s'était fait couronner roi de Sicile. Mais d'un côté, Henri n'avait précisément épousé Constance de Normandie que sous la tendre réserve quelle hériterait de la couronne de son oncle Guillaume, et, de l'autre, le pape considérait les Deux-Siciles comme un fief relevant de son autorité. La querelle fut atroce et l'on fit rudement sentir aux peuples l'importance du lien juridique qui unissait le Saint-Siège au trône sicilien. Les villes furent pillées, les femmes violées, les bourgades mises à feu, les bourgs mis à sang, les troupeaux furent razziés, des nuages d'incendie voilèrent le ciel des églogues virgiliennes. Pendant ce temps, la ménagerie impériale grondait ; à l'horizon se profilaient déjà les aimables silhouettes de Henri le Lion et d'Albert l'Ours. Une guerre hideuse posa sur ces malheureuses provinces sa griffe écarlate. Et c'est ainsi que les ermites de Flore connurent le cuisant honneur d'être vigoureusement fouettés par des verges papales parce que le bâtard Tancrède, volant la couronne de sa grand-tante, avait négligé de reconnaitre à Clément III sa qualité de suzerain, et réduisait le fils de l'empereur à un mariage de dupe. Ils eurent, plus encore, la honte de voir leurs frères cisterciens se frotter les phalanges, en déclarant que le Seigneur n'avait pas tardé à châtier l'apostat de Curace. L'annaliste de Cîteaux, posant sa plume acerbe, dut en faire sonner ses cuisses sous des claques de joie.

Dès le départ des soldats, les moines qui savaient bien que la justice n'est pas de ce monde, restaurèrent leurs misérables paillotes, soignèrent leurs épaules et leurs reins, et se remirent courageusement à la prière et au travail. Malheureusement pour eux, les affaires politiques s'arrangèrent. Tancrède demanda l'investiture, et le prince Henri voulut bien s'habituer à être le mari d'une princesse sans dot sicilienne. La paix était faite. Incontinent d'autres soldats se ruèrent sur Flore. C'étaient, cette fois, des reitres de Sicile, chargés d'enlever leur chemise aux sujets de Tancrède que les soldats de Clément III n'avaient dépouillé que de leurs chausses. Rossés parce que Tancrède avait refusé de reconnaitre sa vassalité, les moines le furent encore parce qu'ils l'avaient reconnue. Ces porteurs de contraintes les expulsèrent en les farcissant de horions. Alors eut lieu une scène de grandeur et de désordre. L'abbé Joachim, son pâle visage empourpré d'une colère surnaturelle, se dressa soudain au seuil du village ruineux et mystique, l'anathème à la bouche, rappelant à ses ennemis, comme jadis à ses disciples, que l'heure vengeresse allait sonner. Les aventuriers de Tancrède ne voulurent pas être plus papistes que les soldats du pape. Malgré les objurgations de Joachim, la mêlée devint furieuse, mais la force resta aux sbires armés : les soldats se saisirent du domaine, jetèrent à grands coups de bottes dans le derrière les moines hors de la forêt qui constituait leur principal revenu, et renvoyèrent avec d'horribles blasphèmes le violent abbé à Isaïe, à Ezéchiel et aux concordances entre les malheurs du peuple juif et les tribulations des religieux calabrais.

Joachim indigné empoigna son bâton, et, quittant sa solitude dévastée et ses moines nus, descendit à grands pas vers la plaine, afin d'en appeler aux pouvoirs publics. Quelques jours plus tard, après une rapide traversée, il arrivait à Palerme, éveillant comme toujours la curiosité unanime, et se présentait au Palais.

Tancrède fut frappé par l'apparition de ce grand vieillard austère, noble sous sa robe sale et haillonneuse, portant haut un visage où les douleurs et les mortifications n'avaient pas effacé la beauté du jeune page qui brillait, un demi-siècle auparavant, dans cette même cour. Il connaissait la réputation de prophète et de saint de ce quémandeur broussailleux qui grondait au nom du Juge éternel, de cet huissier mystique apportant au milieu des courtisans damasquinés la traite de l'avenir. Mais le prince était jeune, rude et indécis à la fois. Pouvait-il, à vrai dire, désavouer ses représentants fiscaux ? Quel gouvernement renierait ses percepteurs ? Les conférences entre le prince et l'ermite furent âpres, difficiles, vraiment pénibles. Le roi Tancrède avait la courtoisie évasive. Normand, il abondait en subtilités, en nuances, en distinctions indéfinies. Certes, jugeait-il, le point de vue moral est excellent, mais de quel titre juridique les religieux de Flore appuyaient-ils leur revendication d'une parcelle du domaine royal ? L'autorisation verbale de son bienaimé prédécesseur ? Les mains soignées du bâtard couronné traçaient dans l'air clair des signes de respect : certes nul plus que Tancrède ne s'inclinait devant le souvenir paternel... Mais enfin une donation notariée eût fourni, l'abbé devait pourtant l'admettre, une base plus solide à cet appel contre une opération financière d'une régularité aussi indiscutable que sa verdeur. Les yeux de Joachim étincelaient, sa voix farouche reprenait la plainte du droit lésé. Dialogue étrange entre ce prince illégitime, capteur d'un royaume bariolé comme une armoirie et ce moine poussiéreux, un orage sous les sourcils, crispant ses pieds boueux sur des dalles resplendissantes, se disputant, entre les tapisseries brodées de nudités provocantes, quelques ares de montagne consacrés à la prière et à l'austérité. Cependant, aux entractes, les courtisans agissaient. Plusieurs avaient connu Joachim aux jours de sa jeunesse, et lui demeuraient sympathiques. Mais Tancrède, pressé par les amis de son interlocuteur, s'avisa d'une ruse admirable et finit par offrir en dédommagement de Flore confisquée, l'abbaye de Matina fondée par son aïeule la duchesse Sirlegatt, abbaye qui ne lui appartenait pas. Il se faisait fort, d'ailleurs, d'en expulser les occupants qui, pour l'heure, ne lui plaisaient plus. Joachim, surpris, bondit, s'exalta, jura que jamais il ne chasserait de leur cloître des religieux, même révoltés contre le pouvoir politique, même infidèles à leurs statuts. Alors le roi subissant cette emprise des caractères brutaux sur les politiciens, lâcha Flore, autorisa la construction d'une abbaye. Le visionnaire s'inclina, reprit son bâton, regagna ses montagnes tragiques. Peut-être avant de quitter Paierme, s'en fut-il prier, au Dôme, devant le tombeau de son premier protecteur, Roger II, tombeau dont on peut admirer encore l'architecture dans la vieille église restaurée. Aux clartés des lampes funéraires, que pensa-t-il de sa vie ? Mais c'est le propre des prophètes de ne jamais regarder en arrière et de n'accorder au passé ni regret ni sourire. Pour de tels hommes, l'avenir seul est réel.

Les solitaires de Flore, attachés à leur sombre paysage, exultèrent de la victoire de leur maitre. Ils ne demandaient qu'à vivre dans ce repli géologique, en chantant les louanges du Dieu qui pétrit les montagnes, sans avoir à craindre la bâtonnade alternée des soldatesques sicilienne ou papale. Joachim donna des ordres pour la construction immédiate du monastère. Tous les frères se mirent à l'œuvre, l'on manda de Cosenza des architectes et des ouvriers ; et bientôt, au milieu des cabanes en torchis, des huttes empuanties, se dressa, toute blanche, l'abbaye neuve. Elle pointa son clocher de givre entre les noirs sapins, au-dessous de la couronne des cimes neigeuses, mit en marche circulaire autour d'elle, sur les pattes trapues de leurs piliers, les cloitres et les galeries. Ce monastère, si nous suivons les descriptions qui nous en sont données, parait avoir été édifié sur le plan général des abbayes cisterciennes. Toutefois, l'église dut être selon les idées personnelles de Joachim, plus ornée, moins froide que les pâles chapelles essaimées par Cîteaux. Son imagination fulgurait facilement, et toujours il gardait aux horizons de ses pensées les étincèlements diamantaires de la Jérusalem céleste. Il consacra cette église à la Vierge, et aussi à l'apôtre Jean, au mystérieux prophète des désolations futures, dont il étudiait à ce moment même l'œuvre furieuse et sombre.

Puis, le temporel assuré, il se préoccupa du spirituel. Transférant son éclatant prestige à la nouvelle communauté, il voulut rompre tout lien ecclésiastique, toute sujétion, même nominale avec la congrégation qu'il avait quittée. La rupture était réelle, en effet, elle n'était pas canoniquement établie. Cette reprise de sa liberté définitive donna lieu à d'assez longues tractations, mais il put, grâce toujours à la protection papale, s'affranchir totalement de la juridiction cistercienne. Avec la liberté de l'étude, il avait enfin conquis l'indépendance morale.

Dans la majestueuse abbaye dont la flèche sublimisait cette solitude illustre, il se remit enfin à ses travaux d'exégèse, troublés par tant de péripéties depuis son départ de Sambucine, et reprit son explication de l'Apocalypse. Il pouvait se croire pour jamais tranquille, dans sa cellule qui sentait le sapin neuf et la chaux fraiche. Maitre chez lui, obédient direct de la chaire pontificale, attablé devant ses livres, il sentait se reformer autour de lui, pour l'envelopper définitivement, le monde prodigieux des symboles.

Dehors, les frères fauchaient les prairies, défrichaient la lande, abattaient des sapins suant sous le froc, mais l'âme légère. Les eaux, les futaies, encadraient un étroit royaume de paix et de candeur. Les rumeurs du monde n'arrivaient pas jusqu'à ce pays paradisiaque. Les torrents séparaient le domaine monacal des domaines de Babylone. La luxure ne se désaltérait que sur l'autre rive. Et les pâles églantines des montagnes préfiguraient, sous les premiers astres du printemps, les roses franciscaines, les larges, odorantes et crucifères coroles de la Portioncule.

IX

Les hommes d'action les plus énergiques, les pires aventuriers, ceux qui devraient ne croire qu'à la valeur des actes, sont plus que d'autres hantés par les préparations du destin et recourent volontiers aux liseurs d'avenir. Il y a des combinaisons de planètes sous le baldaquin des trônes. Tandis que Joachim poursuivait sa thèse sur l'Apocalypse, deux princes, Philippe-Auguste et Richard d'Angleterre, prêts à prendre la mer pour combattre l'infidèle, songèrent à connaitre d'avance le résultat de leurs entreprises et, tout heureux d'avoir un prophète sous la main, le firent mander par Tancrède.

Messine grouillait, en ce printemps de 1191, d'un peuple de chevaliers alertés par Clément III pour la reprise du Saint Sépulcre. Cette énorme cohue, venue du Nord en brouhaha d'acier, descendue par galères, au milieu des disputes, le long du Rhône ou de la découpure des côtes, s'engorgeait là, arrêtée par la mer au fond de l'Europe, bouillant, hurlant, piétinant sur place dans un entassement formidable. Cette veillée de croisade était étrange. Le pape l'attendait depuis des années, s'efforçant d'éteindre les querelles des rois pour unir toute la chrétienté dans l'entreprise essentielle. La vieille Europe ne se déchire-t-elle pas toujours elle-même sans prendre garde aux forces hostiles qui travaillent sourdement autour d'elle ? Deux ans plus tôt, Philippe et Richard s'étaient réconciliés sous l'orme de Gisors, jurant de se croiser. Mais forme de Gisors nous parait, à distance de siècles, éminemment symbolique. Deux ans ! Les chevaliers chrétiens étouffés dans les ronces de Hattin demeuraient invengés ; les mânes des victimes de Saladin criaient toujours justice dans les signes qui brulaient sur l'Orient. Et pourtant depuis longtemps Frédéric Barberousse avait traîné sur les routes sa lourde chevalerie allemande, ventrue, blonde, et cliquetante. Soudain l'on apprit la tragique baignade du Taurus. La dernière minute passait, de l'honneur sauf. Alors, tout de même, les deux rois mirent à la voile, non sans d'aigres discussions, et de brusques dépits. Enfin Messine les avait vus arriver à l'automne. La ville était peuplée de voyous grecs, de bâtards de sarrasins, populace infecte habituée à éructer sur les pèlerins, et de bourgeois qui s'épouvantaient pour leurs femmes et leurs filles de cette immense arrivée de troupes. Tous néanmoins, groupés sur le port ou sur les remparts, avaient vu descendre d'une nef silencieuse un roi de France pâle, vomissant depuis Gênes, et quelques jours plus tard, un roi d'Angleterre éclatant, triomphal, escorté d'une flotte innombrable. Depuis, les rois remplissaient Messine de leurs intrigues, et les troupes l'assourdissaient de leurs rixes. Cette alliance de princes sentait d'ailleurs terriblement la lutte. Une odeur de saumure et de trahison flottait sur cette escale guerrière.

Joachim, de la barque qui le transportait, revit le sombre rivage, la longue faucille niellée sans fin d'un mobile argent. Messine apparut, en amphithéâtre aux pentes du Dinnamare, avec son Dôme à mosaïques et toutes ses maisons pittoresques embastillées entre les hauts remparts jaunes. La ville se trouvait surpeuplée, logeant le roi de France, ses six-cent-cinquante chevaliers avec leurs treize-mille écuyers, et la plèbe aux industries minimes que traine à sa suite une armée. Tout autour de la cité méfiante et crènelée, les tentes du roi d'Angleterre faisaient trembler une autre cité légère et menaçante, bâtie de toiles brunes ou bistres, sommée de bannières, s'encastrant dans des bois d'oranger, abri d'une armée exacerbée, rongée d'inaction, bâillant de faim, grattant ses gales, puant et vociférant. Les chevaliers, pour s'entretenir en forme, tels des boxeurs se rossaient copieusement dans des joutes familières, le roi Richard donnant l'exemple avec furie, mais se plaignant de lèse-majesté s'il encaissait. La piétaille braillait à l'unisson, buvait le vin de Grande Grèce, changeait la plaine en cloaque. Les soldats désœuvrés erraient sur le port, au crépuscule. Les quais et les bouges retentissaient de hurlements génois, de proverbes arabes, de chansons provençales et de jurons anglais. Le dos à sa flotte, Richard pérorait, paradait, pillait, injuriait, gagnait méchamment son sobriquet de Cœur de Lion. Le pauvre Tancrède s'effrayait, cherchait dans son sac à malices normand quelque ruse inédite. Philippe supputait de futures et profitables combinaisons. Les blasons s'écartelaient de perfidie et de colère. Le coup de l'étrier bu par ces armées devenait une beuverie de six mois. Et toute cette croisade arrêtée devant la mer piétinait dans le fumier, l'urine et la haine.

En bas, s'approchant rapidement, le port étincelait sous le regard de Joachim. Autre ville mouvante, dansante aux flots, achevant l'encerclement de Messine par un hérissement de mâts, toute la flotte de Richard, accotée des cent busses de Philippe, l'emplissait de son bariolage insolent. Étonné de ce spectacle, Joachim voyait grandir les lourds vaisseaux de guerre, les busses bombées aux mâts surchargés de sept toiles pliées, les dangereuses galères effilées, basses, à l'affut au ras des vagues, aboyant de la gueule de leurs proues taillées en chimères, les galions à chiourmes, vifs, porteurs de feux grégeois, les naves, les taforées, les dromons aux proues gonflées en joues de zéphyr, les maigres barbotes silencieuses cuirassées de ouate, un gigantesque assemblage meurtrier ; et les coques feutrées d'orange ou de vert, les hauts châteaux d'arrière historiés, les tendelets de pourpre, scintillaient, papillotaient, reflétaient dans l'eau glauque toute une flotte exactement inverse. Une forêt dansait, les gabiers en corbeilles oscillaient sans fin au-dessus de cette ville balancée dont les rues étaient d'eau. L'air apparaissait treillissé de mille cordages, de caudèles tressées, d'amans solides, d'ostes fins, d'incroyables filaments croisés, accrochés, emmêlés dans un travail arachnéen, pareil à quelque immense et dangereux filet prêt à tournoyer et s'abattre sur Messine. À mesure qu'il s'approchait, Joachim se rendait compte que tous ces vaisseaux étaient aussi peuplés que les tentes du rivage. Toute une armée grondait, criait, se morfondait sur les ponts, dans les étroites cabines. Les cuisines fumaient, des armes luisaient ; au pied du mât, l'immonde sentiment empestait ; et les haillons séchaient aux vergues, des blasons frappaient les drapeaux, couronnant la cité marine toujours en fièvre sur laquelle battaient, avec une même fierté multicolore, les loques de l'équipage et les oriflammes du roi.

Joachim tombait dans une tragédie mêlée de comédie. Messine était à sac, les chevaliers anglais rossaient les marchands siciliens, le roi Tancrède se cramponnait aux coffres du trésor. Pour le prix d'un pain marchandé à un de ses matelots par la boulangère Emma, Richard avait simplement fait donner l'assaut à la ville par ses sbires qui, nous rapporte un vieux chroniqueur, « eurent plutôt fait de prendre Messine qu'un prêtre de chanter matines ». Philippe avait difficilement arrangé l'affaire, après quelque ravage. Mais Richard n'avait retiré ses soldats que pour sortir ses comptes. Les ongles limés, il tendait la main. Il venait d'émettre la prétention de profiter de son passage pour régler avec Tancrède la succession de sa sœur, veuve de Guillaume le Mauvais, et présenter une note, magnifique où figuraient pêlemêle un comté, une chaise en or, des tonnes de vin, des vaisseaux, et une tente dont le mémoire spécifiait quelle devait être tissée de soie. Philippe tirait son propre gain de ces contestations, excitait sournoisement le roi d'Angleterre et le roi de Sicile l'un contre l'autre, puis empochait son bénéfice. Tous ces problèmes financiers se compliquaient de questions matrimoniales ; Richard cherchait à éluder son mariage avec Alix de France, sous le prétexte qu'elle aurait été violée par le roi Henri, et Tancrède ; pour se débarrasser de la chaise d'or et de la tente en soieries, fiançait sa propre fille avec Arthur de Bretagne qui, âgé de trois ans, ne fit point connaitre son avis dans cette querelle. Finalement, Richard célébra ses fiançailles avec Bérangère de Navarre, et Philippe, ignorant que l'avenir lui réservait de plus désagréables et plus retentissantes aventures en fait de mariage, se consola. Il eût fallu, pour historiographe de ces contestations confuses, un poète comique, et Philippe eût été bien inspiré de comprendre dans sa suite son médecin Gilles de Creil, futur auteur de cette étrange et savoureuse *Hermapignia* qui commença précisément ses études à Salerne. Ce fut un saint que l'on manda.

Il arrivait. La petite barque entra dans l'ombre des vaisseaux de guerre. Joachim, debout, regardait la ville où fleurit sa jeunesse. Des matelots se penchaient aux bordages, s'arrêtaient dans leur besogne, se montraient, avec des rires sournois, l'étrange voyageur. Lui, pesant et massif comme le destin, demeurait immobile. L'heure s'imageait d'astrologie.

Joachim fut reçu par Tancrède avec l'ordinaire respect. Mis au courant des raisons de son voyage commandé, il interviewa longuement de vieux politiciens de la cour aux visages longuement moulés par la diplomatie. Très fin diplomate lui-même, méprisant au surplus, dans sa carrure monacale, les intrigues serpentines de ces croisés royaux, qui conservaient dans leur sublime entreprise toutes leurs petites reptations féodales, il comprit vite qu'une guerre en Orient, poursuivie dans de telles conditions, menée avec des préoccupations personnelles aussi insidieuses, ne pouvait aboutir à un résultat sérieux. Il eut la vision de marchands de biens, concurrents jaloux, partant à la conquête du Saint Sépulcre. Pouvait-il, cependant, déconseiller l'expédition, contrecarrer brutalement les décisions papales ? Une telle attitude apparaissait impossible. Aussi se montra-t-il, à son habitude, infiniment prudent. Il savait que les puissants de ce monde qui demandent aux prophètes de leur dévoiler l'avenir, entendent par prétérition que cet avenir soit heureux. Il eut vite fait, au surplus de juger les deux princes — Philippe, avec sa large face colorée, sa chevelure hérissée autour d'une calvitie naissante, ses yeux mêlés de lueurs spirituelles et d'ombres de défiance, rattrapant par de lentes diplomaties ses fureurs brusques et révélatrices — Richard, un géant point anglais, élevé à l'Aquitaine, chasseur et soldat, excessif dans ses débauches, outrancier dans son incroyable ostentation, grande force orageuse mobile et inhabile, seulement adoucie par un gout secret pour la poésie. Tous deux, en somme, apparaissaient taillés en pleine chair violente, buveurs et paillards, dévots à leur gré, l'un plus cauteleux l'autre plus cynique, effrayés l'un par l'autre, prêts à se mordre, effrayés davantage encore par les convoitises laissées derrière eux et méditant, pour fin de croisade, quelque sensationnelle duperie. Les deux hommes ne pouvaient, par leur personnalité même, qu'affermir la conviction de Joachim.

Cependant, Richard, tenant son prophète, voulut sa prophétie. Sans doute, la conférence eut-elle lieu dans ce château de Mategriffon que le roi d'Angleterre avait fait bâtir proche de Messine, au grand scandale de tous les bourgeois de la ville. Les hauts dignitaires, prélats et chevaliers, devaient se presser dans une de ces hautes salles dépeintes par le vieux poète, resplendissantes de vaisselles et de pierreries. Le roi d'Angleterre aimait ces parades, et s'agiter, magnifique et rude personnage, au milieu des cuirasses, des robes de soie, des cliquetis d'armes. Le froc sordide du moine barbu éclatait, comme une insolence suprême, dans cet éblouissement de chairs, d'étoffes et de cristaux. Prenant texte des travaux actuels de l'abbé Joachim, Richard lui demanda subtilement l'explication du chapitre XII de *l'Apocalypse,* qui évoque la femme enceinte couronnée d'étoiles et le dragon rouge surveillant l'enfantement pour dévorer le fils inattendu. Richard, très probablement documenté par ses clercs, devait s'attendre à un immédiat dithyrambe de la croisade entreprise et à s'entendre proclamer lui-même le vainqueur de la Bête. Joachim, simplement, déclara que la femme symbolisait l'Église et que le dragon figurait Satan, dont les sept têtes sont sept rois, Hérode, Néron, Constance, Mahomet, Méhémet, Saladin et l'antéchrist. Richard prit texte de cette première réponse qui lui paraissait annoncer une heureuse discussion, pour aborder tout de suite le sujet qui lui tenait à cœur et s'enquit de la date à laquelle Saladin serait chassé de Jérusalem. Plus d'un visage de paladin prit la farouche physionomie de l'immédiat exécuteur prêt à de définitives besognes ; plus d'une face de prélat se cramoisit à l'idée de la révélation du triomphe prochain de l'Église. La minute eut la lenteur d'une anxiété. Mais Joachim, trop bien éclairé sur le présent pour n'en point déduire avec certitude l'avenir, répondit que le temps de la chute du sixième roi n'était point venu, et que la croisade n'aboutirait, tout bien pesé, à rien de satisfaisant ; il ajouta aussitôt, par pure politique, qu'il ne parlait, bien entendu, que des affaires orientales.

Une clameur battit les murs. Courtisans indignés, les assistants bondirent autour du roi devenu pourpre. Des reitres anglais, apoplectiques, tendaient leurs gros poings poilus, les évêques de Sicile s'exclamaient en un latin injurieux et sonore, des mains baguées se dressaient vers les poutres, des bouches convulsives écumaient, toute une colère ecclésiastique et guerrière tourbillonnait autour du moine impassible, regardant par la fenêtre la mer tranquille qui disait les méandres incertains vers la bataille.

Le plus proche de lui, Pierre Kala, théologien, s'emporta hors de toute mesure, hurla positivement à la figure de Joachim l'épithète d'antéchrist et vociféra que rien de bon ne pouvait sortir d'un froc... Alors Joachim, par un de ces coups de théâtre qui, chez lui, n'excluaient nullement la sincérité, appliqua brusquement la règle bénédictine et, les bras en croix, tomba dans la poussière devant ses insulteurs. Évêques et généraux, stupéfaits, s'arrêtèrent. Il y eut un grand silence. Puis Pierre Kala, tout pâle, releva l'abbé, qui apparut le front meurtri, la barbe sale, les paumes sanglantes, le supplia d'oublier ses injures, affirma à ses collègues qu'un ange, flottant soudain au-dessus du corps humilié, lui avait fait signe que

Joachim avait dit vrai. L'horoscope était tiré. Les assistants gagnaient prudemment les portes. On se hâta d'éloigner le prophète. Il était trop tard.

Cette scène à grand effet, ces prédictions funestes, offensaient les deux rois toujours inquiets des révoltes possibles. Ils accusèrent le coup, et chacun d'eux réagit selon son caractère. Plus cynique, Richard fit répandre en Angleterre le bruit que l'abbé de Flore l'avait assuré que le règne de Saladin allait prendre fin et que Jérusalem tomberait au pouvoir des croisés en 1194. Il s'assurait ainsi trois ans de fidélité de la part de ses loyaux sujets. Plus cauteleux, Philippe déchaina tout l'Ordre de Cîteaux contre le renégat, et fit vitupérer dans toutes les chaires de France le voyant de Flore, prophète imaginaire, d'ailleurs hétérodoxe, et errant sur les doctrines trinitaires. Le cardinal Henri s'offrit aussitôt pour auxiliaire empressé de cette admirable campagne. Le résultat fut le même, pour des motifs différents, dans les deux royaumes : peuples et seigneurs se tinrent cois.

Un peu rassurés, les croisés mirent à la voile le 10 avril 1191. Les chroniqueurs nous ont laissé le récit de ce départ prodigieux. Toute la flotte anglaise se déploya sur huit rangs dans une orgie de couleurs, au pied des remparts encombrés de Siciliens qui préféraient voir les croisés chez les Turcs que chez eux ; dans l'immense battement des rames, elle gagna la haute mer en trainant des tapis sur les vagues ; trois vaisseaux magnifiques la précédaient, dont l'un portait la reine douairère de Sicile et Bérangère de Navarre. L'histoire avait tendu le ciel d'un bleu inoubliable. Cette mise à la voile transformée en féérie maritime, et le sourire de sa fiancée durent faire oublier à Richard l'amère prophétie de l'ascète calabrais. En tout cas, il n'avait point perdu sa confiance en la sainteté des moines, car, quelques nuits plus tard dans l'horreur d'une tempête et sous des nuages de désastre, il soupirait après l'heure où les moines gris se lèvent pour prier Dieu. Le calme se fit sur la mer, précisément à l'instant de matines. Mais peut-être Cœur de Lion n'avait-il confiance dans l'intercession monacale qu'aux heures de tempête, ce qui, d'ailleurs, eût représenté pour lui une notable partie de son existence.

Terminée pour les rois, l'affaire n'était point finie pour Joachim. En vain avait-il regagné rapidement son abbaye, repris ses occupations familières, loin du monde et de ses controverses. L'effet de la scène du château de Mategriffon avait été trop grand. Dénigré ou applaudi, son nom se trouvait répété dans toute l'Europe comme celui d'un apostat menteur et d'un saint mystérieux. En 1192, le chapitre général des Cisterciens, ajoutant une démarche officielle à la campagne de sermons, ordonna à Joachim et à Capoccio de venir lui fournir des explications. Joachim déjoua la menace en priant le souverain pontife de briser définitivement et sans réplique les liens spirituels qui l'attachaient encore fictivement à l'Ordre de Cîteaux. Cependant sa légende s'embellissait de jour en jour, et le florilège de ses miracles s'accrut. Presque toutes ses sorties dans le monde sont maintenant imagées par quelque fait édifiant. C'est ainsi que, se trouvant à Longobuco, petite ville industrieuse qui tire sa richesse de mines d'argent, il arrêta une pluie terrible. Au cours d'un autre voyage, qu'il dut faire à Cosenza, il guérit le cheval d'un de ses amis, cheval mordu à l'écurie par sa propre monture. Les oiseaux eux-mêmes lui obéissent comme ils obéiront plus tard à saint François. Un soir tandis que, près de Paierme, à l'ombre austère des cyprès, il s'entretenait des choses célestes avec Alexandre, abbé du monastère du Saint-Esprit, une grue l'importunait de ses croassements. Il la pria rudement de se taire et, s'immobilisant, l'oiseau garda le silence, à l'émerveillement du vénérable interlocuteur. Son âpreté semblait adoucie par ces miracles charmants, et tous ces récits, colportés de cloitre en cloitre, édifiaient les fidèles. Aussi de plus en plus nombreux, des hommes pieux, dégoutés d'un monde de trouble, de misère et de guerres, venaient-ils frapper à la porte de l'abbaye de Flore, et mettre leur existence désaxée sous la férule d'un saint.

La plus imprévue et la plus touchante de ces vocations fut sans doute celle de Jean d'Aquitaine. Cet adolescent, jeune, beau, noble et riche, refusait à Bayonne, dans l'étude et la pureté, toutes les mains de l'orgie tendues vers lui. Un jour qu'il méditait sous les voûtes humides de la cathédrale, il aperçut soudain, imprécise, ineffable et comme réfractée au cœur du rayonnement des vitraux, une image de Dieu. Dans la même minute multicolore, une voix lui murmura doucement à l'âme: «Va trouver l'abbé Joachim».

Jean d'Aquitaine, à ce nom inconnu, s'étonna. La voix de l'au-delà reprit son avis, puis se tut, l'illumination s'éteignit, le jeune homme revit l'autel, le prêtre célébrant la messe, les vitraux immobiles et précis. Mais quelques semaines plus tard, au hasard d'une conversation, il apprit l'existence du célèbre prophète. Le lendemain de cette révélation, il marchait sur la route de Flore. Voyant cet adolescent enflammé de mysticisme, le vieil ascète sourit, mais l'admit au noviciat. L'an suivant, à l'heure de la probation, le novice fut mandé au chapitre, et Joachim l'interrogea sur la décision qu'il croyait devoir prendre. Debout, baissant les yeux, les mains jointes sous les larges manches grises, le jeune homme répondit d'une voix calme qu'il était prêt à se marier, à se croiser, à guerroyer. Les vénérables frères, interloqués, se levèrent dans un tumulte d'indignation. Mais interrogé de nouveau le lendemain, Jean expliqua qu'il avait simplement signifié son obéissance absolue aux ordres de ses supérieurs et qu'il leur sacrifierait, s'ils l'exigeaient, sa vocation elle-même. Le chapitre respira, et Joachim, rassuré, reçut le novice dans cette communauté qu'il devait édifier pendant de longues années avant d'y mourir en odeur de sainteté… « C'était une fleur des plus précieuses, écrit Dom Gervaise, qu'ait jamais porté ce parterre mystérieux ». Fleur très fine, en effet, séchée dans le grand livre qui contient le texte oncial et noir de l'Apocalypse, orné de majuscules sanglantes.

X

a célébrité de Joachim, au lendemain de son éclatante entrevue avec le roi Richard, fut ainsi profitable au monastère de Flore et assura l'avenir de l'ordre nouveau. Mais elle valut à son bénéficiaire de nouvelles et redoutables difficultés, en attirant sur lui l'attention de l'empereur. L'histoire des rapports mi-politiques, mi-religieux, de l'abbé de Flore et d'Henri VI demeure, à la vérité, assez obscure. Certes, les anciens biographes du religieux n'ont pas manqué de multiplier les détails de cette longue intrigue diplomatique. Seulement, à bien examiner leurs récits, le lecteur découvre d'abord des contradictions assez choquantes, puis de plus graves erreurs qui proviennent de ce que tous, ou à peu près, ont accepté pour authentiques les œuvres apocryphes de Joachim. En revanche, les quelques précisions que nous pouvons retenir permettent de le mieux comprendre. Ces touches nouvelles, ces coloris plus nuancés rehaussent sa physionomie, accusent mieux ses traits. Nous pouvons reprendre, achever le portrait que nous esquissions à l'heure où récemment promu à la dignité abbatiale, il préparait dans sa cellule de Curace l'œuvre qu'il achève.

Usé par l'austérité, instruit par la vie, Joachim est maintenant un vieillard. Les grandes rides qui creusent son visage sont celles qu'y gravèrent, à la fin, la dure expérience et la difficile volonté de se rendre maitre de soi-même, tout un long effort spirituel, mais elles ont la mobilité fine que donnent l'ironie secrète et l'art de manier les esprits. Il arrive à la plénitude de sa personnalité, de cette personnalité complexe formée par une grande lucidité psychologique due à la pratique déjà longue du gouvernement des âmes et par une crédulité farouche puisée dans l'habitude de la vie solitaire, de l'abstraction continue, et dans l'abus de la systématisation.

Il a fixé son destin. Il est sorti de l'immense armée anonyme de l'ordre cistercien. Il surgit avec cette allure originale, un peu dure, mêlée de violence et de mystère par quoi il s'imposa. Son œuvre véritable est à peu près terminée, et le volume qu'il rédige est, en somme, connu du public ecclésiastique : il l'a lui-même exposé, parlé dans tant de repas, de controverses, de conversations particulières ! Désormais, l'abbé de Flore est entré dans les sombres montagnes et dans sa noire légende.

Il est le mystique intellectuel et non le mystique du cœur. Il est le logicien du futur, le géomètre de l'histoire. Il n'a pas cet élan généreux, ce grand enthousiasme animateur de saint François d'Assise qui soulèvera les foules dans l'amour divin. Il n'écrira pas le *Cantique du soleil*. Pour lui, les choses n'ont pas une âme fraternelle, une douceur vivante ; elles sont des signes et des symboles, l'allégorique rideau d'apparences qui se repliera, au dernier jour, pour laisser apparaitre la réalité. La nature ne l'émeut pas. Il serait plutôt rude avec elle ; nous l'avons vu, sous les cyprès du jardin sicilien, commander le silence à l'oiseau qui l'empêchait de controverser. Saint François se serait tu, après avoir doucement prié la bête innocente de chanter la louange de Dieu.

Avec sa finesse pratique, il est net, carré, de stature pesante. Les quelques miracles que content ses biographes sont classiques. Il n'est pas de ces saints extatiques qui s'évadent des lois naturelles, qui se dédoublent, par exemple, comme saint Alphonse de Liguori, ou comme cette mère Agnès de Jésus qui, nous conte FFuysmans, sans quitter son monastère provincial, rendait visite à M. Olier dans son séminaire de Paris. Il n'est pas de ceux, tout brulants de tendresse spirituelle, purs ascètes de la Passion, qu'un séraphin armorie, dans les nuits rayonnantes, des cinq plaies du Christ. Il manipule des chiffres, des versets, calcule, puise la certitude dans des confrontations de textes. Il ne cherche pas l'amour, il veut la justice, et sait quelle ne peut être que céleste. Et désormais, il sortira de sa solitude pour aller arrêter les princes sur le seuil des massacres, ou rappeler aux impies que le châtiment est inévitable. Plus tard, dans ses toutes dernières années, il s'élèvera vraiment à un détachement complet, à une sorte de vision perpétuelle de la Jérusalem divine, achèvera sa vie bien loin des contingences terrestres et négligera toute politique. Mais les évènements ne le laissent pas encore en paix, parmi ses moines laboureurs, défricheurs et copistes, dans sa solitude désormais célèbre.

L'histoire de la conquête de la Sicile par l'empereur Henri est un incroyable mélange de finesse, de cruauté, de cynisme, de duperie, une partie de ruse et de sang, menée par l'empereur, le pape et le roi, une comédie aux mille intrigues subtiles qui finit par des gibets, des cuves ardentes, et des mutilations. Il est impossible de relater ici cette aventure que compliquaient les prétentions impériales sur la Sicile, l'héritage de la comtesse Mathilde, le jeu des alliances, l'intérêt de la papauté à l'existence d'un royaume du sud indépendant de l'empire, et les intérêts siciliens de Richard, mais il faut se rappeler quelle constituait une opération politique d'une importance extrême et qui se rattachait à la réorganisation de l'Europe.

Ce fut dans les plaines du nord italien qu'Henri, roi des Romains, apprit le désastre du Taurus et la noyade qui le faisait empereur. Il se jeta aussitôt vers Rome, dans un fracas de cavalerie, afin de hâter son sacre. Mais Clément III mourait dans le même temps et les cardinaux, en cette conjoncture difficile, choisirent un vieux diacre de quatre-vingt-six ans, le cardinal Hyacinthe. Pour âgé qu'il fût, le nouveau pape n'en parut pas moins fort matois. Il redoutait Henri, fort capable de s'emparer des provinces méridionales et de gêner la liberté d'action du souverain pontife. La lutte entre le vieillard subtil et le jeune soudard, entre la fuyante soutane et la rude armure, fut épique. Henri réclama la couronne. Le pape éluda. Henri le somma. Le pape expliqua, avec une ironie navrée, que simple diacre et ne pouvant célébrer la messe, il ne se croyait pas le droit de sacrer un empereur. Henri fit alors piller, comme argument canonique, la campagne immédiate. Les bourgeois, terrifiés de cette terreur qui fait les courages désespérés, la salive aux dents, se précipitèrent chez le pape qui dut se souvenir de Lucius III. Les cérémonies se pressèrent aussitôt avec une prestigieuse célérité. Célestin III, consacré prêtre un samedi, coiffa la mitre le dimanche, la tiare le lundi, et déposa le mercredi la couronne sur le front du nouvel empereur. Henri paya impérialement en livrant Tivoli à ses vieux ennemis romains. Aussitôt les bourgeois se vengèrent à main armée de leur épouvante. Les torches succédèrent aux cierges en un clin d'œil. Les lueurs de la ville en flammes illuminèrent d'une fête sinistre le lendemain du sacre.

Henri VI se trouva plus autorisé, devenu empereur, à ravager la péninsule. Il lança donc son armée d'incendie en incendie, sur le royaume de Sicile. Ce fut la joie sauvage des reitres. Naples tomba, les cités angoissées renversaient leurs portes sous le pas des chevaux. La soldatesque pillait tout. Au milieu de ce triomphe maudit, et comme l'empereur entrait en Calabre, les difficultés commencèrent. Une épidémie tacheta ses troupes, entassa les morts. Son conseiller habituel, l'archevêque de Cologne, périt. Sa rage de destruction n'en faiblissait pas encore, le carnage continuait, lorsqu'un jour, s'il faut en croire le Grec, Joachim, farouche et divin, se présenta au camp impérial. Il recommençait le coup de Tancrède.

Il avait, nous venons de le voir, le gout de ces apparitions brusques qui frappaient les imaginations. Il traversa le camp. Devant les tentes, comme naguère les marins au bastingage des galères croisées, les soldats ébahis regardaient passer cet ermite barbu, hirsute, loqueteux, les pieds nus sur des semelles tressées. Lui considérait sévèrement ces troupes, ces machines, ces armes, toute la splendeur de la destruction. Sans doute se souvenait-il des sévices dont avaient pâti, au cours des démêlés de Clément III et de Tancrède, les religieux de Flore. Il ne supporterait pas que de telles offenses se renouvelassent. Il apportait, pour vaincre cette immense armée, les anathèmes d'un vieillard.

L'empereur le reçut froidement. Jeune, ambitieux, mais superstitieux aussi, il hésitait. Joachim lui parla brutalement, avec une violence imagée dont son historiographe, Jacobus Graecus, nous a transmis l'écho. Dans sa beauté neigeuse d'ascète vieilli, il avait la fureur céleste d'un orage. Mais il n'achevait pas sa diatribe que déjà les officiers tiraient leurs épées pour châtier ce moine qui se jetait, puissance en haillons, entre les riches provinces à piller et leur avidité. L'empereur les arrêta ; alors, subtil, dans le cercle des épées, Joachim lui prédit brusquement que ce royaume qu'il convoitait tomberait un jour en son pouvoir sans qu'une goutte de sang tachât son chemin, mais que, s'il s'obstinait à cette heure malencontreuse, l'épidémie ne laisserait pas vivant un seul de ses soldats. Et il en attesta un passage d'Ézéchiel. Surpris, l'empereur, selon les biographes, aurait cédé. Il est en ce cas, probable que, soucieux des évènements d'Allemagne qui se précipitaient depuis quelques semaines, craignant d'autre part une recrudescence de la peste, il trouva dans cette scène le prétexte honorable d'un arrêt de son expédition. Mais si Joachim a fléchi l'empereur, celui-ci a conquis Joachim, et l'abbé de Flore demeura fidèle jusqu'au bout à la cause impériale. La colère s'empara du camp, les pillards s'exaltèrent, tous ces hommes frustrés du pillage promis voulurent massacrer le prophète importun. Une émeute faillit éclater et l'empereur dut faire escorter Joachim par des gardes. Voyant s'éloigner vers ses montagnes sauvées le vieillard humble et triomphant, les reitres courroucés, mais tenus en respect, auraient marmonné furieusement : « Que de malice cachée sous ce froc ! »

Certes, le mot est injuste, mais il est révélateur. Joachim demeurait sincère dans ses rouleries obscures. Il ne jouait pas l'empereur, pas plus qu'il ne joua Richard, avec la pleine conscience de sa duperie. Seulement le diplomate, en lui, se servait du visionnaire pour obtenir ces résultats pratiques. Il savait parfaitement l'effroi qu'inspiraient ses prédictions aux princes de ces temps troublés qui vivaient dans le tremblement perpétuel d'un attentat possible, et s'efforçaient anxieusement de lire dans l'avenir. De cet effroi il se servait, au moment opportun, pour des œuvres de miséricorde et de bonté. Il ne doutait pas qu'en brandissant le texte d'Ézéchiel il n'arrêtât une armée, sauvant ainsi du massacre les vieillards, du viol les femmes, de la ruine une province. Et, tranquille, il descendait de sa solitude, les paroles tragiques et salvatrices aux lèvres. Malice? Non. Le mot s'affirme trop terrestre et les valets impériaux manquaient de nuance. Mais habileté supérieure d'un saint. Et, tout de même, n'apparait-il pas ici plus grand, dans ce tourbillon sanglant qu'il arrête, que tel autre religieux de ses contemporains? Qu'on lise donc, dans les chroniqueurs du temps, la prise du Mont-Cassin par l'empereur, cette tragicomédie qui respire l'encens et la peur. Le cardinal Roffroi, qui gouvernait le fameux monastère, s'emporte contre le conquérant encore lointain, clame à tous les échos de sa montagne qu'il va verrouiller les portes, résister dans sa citadelle monacale, qu'il fait bouillir l'huile, fourbir les armes. Mais ses moines ne veulent nullement de siège et de pillage et déjà le prieur prépare un discours. Dès que les lances impériales brillent aux contreforts, le cardinal se jette dans son lit, se cache sous ses couvertures, le nez à la muraille, gémit de fièvre factice et de réelle épouvante, tandis que les moines renversent à grand fracas le pont-levis et que le prieur lit à Henri VI sa harangue de bienvenue... De l'abbé du Mont-Cassin et de l'abbé de Flore, qui dut faire, sous le grondement du danger, figure de héros?

Mais il y eut un prince que fit bondir de fureur cette habileté. En transférant ainsi dans un proche avenir la couronne de Sicile à l'empereur, Joachim dépossédait froidement, par sa seule autorité de prophète, le roi Tancrède. Celui-ci entra dans une furieuse colère contre l'abbé de Flore, contre l'ingratitude de ce politicien madré qui, se trouvant fort d'être le sujet d'un royaume qui n'est pas de ce monde, distribuait avec une étrange facilité ceux d'ici-bas. Les religieux de Cîteaux des maisons siciliennes, tout heureux de piétiner l'ancien confrère qu'insultaient dans toutes les chaires de France les prédicateurs de Philippe-Auguste, attisèrent savamment le feu. Craignant quelque éclat royal, des amis prévinrent en hâte Joachim. Il ne s'en émut nullement. Il possédait trop bien l'échiquier politique de l'Europe pour ne pas voir que la défection, par amour, d'Henri de Brunswick, la réserve, par secrète antipathie, de Célestin III, les manigances, par intérêt, du roi Richard, avaient réglé d'avance le sort de Tancrède. Au surplus, eût-il ignoré ces complications, que sa confiance en Dieu était absolue. Il se servait de ses prophéties, mais il y croyait. Il se borna donc à répondre à ses correspondants que le Tout-Puissant le tenait en sa garde, et que, bientôt,

« une force terrible surgirait de l'aquilon pour briser les cornes du superbe. »

Le superbe, entretemps, ne se préoccupait plus de Joachim, et s'employait à d'utiles besognes. Profitant du départ de l'empereur trainant à sa suite toutes ses machines de guerre, il reprenait une à une toutes les villes et rétablissait avec vigueur l'intégrité de son royaume. La grosse affaire était la prise de Salerne, où résidait l'impératrice attardée. Le siège fut mené rudement, et la ville capitula, dans des conditions pénibles pour l'honneur de ses bourgeois. L'impératrice Constance fut saisie, embastillée à Messine, puis, sur la demande du pape, remise en liberté. Alors Tancrède se retourna vers les intrigants de sa cour et prescrivit de sévères enquêtes destinées à découvrir certaines complicités.

Si les lettres dont on possède le texte ne sont pas apocryphes, le roi aurait adressé à Joachim de véhéments reproches auxquels l'abbé répondu, dans le style apocalyptique qui lui était familier, en lui prophétisant la chute toute proche de sa race. Mais, dès ce moment, nous voyons apparaitre toute une littérature visionnaire attribuée à Joachim. La plupart des écrits qui la composent, qu'il s'agisse de l'explication de petits prophètes d'Israël ou de la Sibylle Erythrée, furent composés ultérieurement par des joachimites exacerbés, dans un but de politique religieuse. Il reste probable que la colère royale se borna à des menaces, et que Joachim, attaché au parti de l'empereur et sûr désormais de hauts appuis, la dédaigna. Sur ces entrefaites, le malheur s'abattit sur cette dynastie normande, lasse, épuisée, qui vécut dans des musiques d'amour et de guerre, au milieu d'un perpétuel et usant artifice. Le jeune Roger, héritier présomptif, qui venait d'épouser la princesse Irène, fille de l'empereur grec, mourut en 1193. Quelques mois plus tard, en février 1194, Tancrède décédait à son tour. La couronne impériale passait aux mains d'une femme, indécise et charmante, la reine Sibylle.

L'occasion parut excellente à l'empereur. Henri VI se trouvait alors à Worms et songeait à se croiser pour combattre Saladin. Il dut trouver plus profitable une descente immédiate en Italie. Soucieux des formes, il publia tout d'abord une sorte de mémorandum résumant ses droits sur la Sicile, puis appuya d'une invasion en règle ses arguments juridiques. L'effroi des malheureuses populations de l'Italie du Sud, écartelées depuis des années entre les princes rivaux, fut au comble. Tous, bourgeois, paysans, moines, se précipitèrent à genoux sous les chevaux de l'armée impériale. L'empereur se piqua tout d'abord de magnanimité, réalisant ainsi par politique la prophétie politique de Joachim. Lorsqu'il traversa la Calabre, il manda l'abbé de Flore. La rencontre fut touchante. Sur la route où étincelait l'escorte impériale, le moine s'agenouilla devant Henri VI, qui le releva aussitôt, et le présenta à ses compagnons comme un de ses fidèles partisans. Parmi les seigneurs laïques et ecclésiastiques qui assistaient à la scène, se trouvait-il cet abbé du Mont-Cassin dont la fièvre simulée avait été bonne conseillère, et qui, converti un peu brutalement au parti d'Henri VI, avait rejoint l'empereur à Pise ? Il put être, en ce cas, jaloux des privilèges qui furent, à la suite de cette rencontre, conférés au monastère de Flore.

Henri VI passa en Sicile. Il avait auparavant pillé Salerne. Il pilla Syracuse. La reine Sibylle, enfermée à Paierme avec ses trois filles, Sibylle, Elvire et Constance, et son fils Guillaume, défendue par quelques barons normands et ses troupes arabes, s'effrayait, s'affolait, incapable d'organiser utilement la résistance. Tout semblait fini. Les flottes de Pise et de Gênes rôdaient le long des côtes siciliennes. Vers la fin d'octobre, l'empereur était à Messine. Alors la reine Sibylle cloitra ses enfants dans la forteresse de Caltabellota et confia la défense de Paierme à l'émir Margaret. Ce fut le dernier et inutile geste de la dynastie. Comme il arrivait en vue de la Ville, Henri VI vit venir à lui, troupe sombre, les représentants de la bourgeoisie palermitaine. Il reçut les clés de la ville. La reine Sibylle, qui avait rejoint précipitamment ses enfants à Caltabellota, accepta de traiter. Henri VI prenait le titre de roi de Sicile, mais déléguait la vice-royauté au fils de Tancrède, qui devenait Guillaume II, prince de Tárente, comte de Lecce, et mariait son frère à la princesse Irène, veuve de Roger II. Le nouveau roi fut couronné à Palerme par l'archevêque. Tout était à la paix, au pardon, à l'apothéose. Il semblait que, par un frêle rameau, la dynastie normande pût refleurir sur l'empire. Tout à coup, le 29 décembre, un brouillard d'épouvante tomba sur la Sicile. Un complot découvert, l'empereur faisait arrêter le jeune vice-roi, toute sa famille, l'émir Margaret, un grand nombre de seigneurs de la cour, parmi lesquels l'archevêque de Sáleme et le chancelier Richard d'Ajello, fils du vieux chancelier de Tancrède. Les prisonniers furent déportés en Allemagne.

L'empereur ne tarda pas à quitter l'incertaine Sicile, l'ile aux pièges sournois. Au passage il revit Joachim et le remercia chaudement d'avoir soutenu sa cause en Calabre. Il le pria de veiller sur l'impératrice Constance, qu'il laissait à Palerme, et lui conféra le titre d'aumônier du roi de Sicile. De plus, il accordait à l'Abbaye de Flore cinquante bezons d'or de subvention annuelle, qui devaient être prélevés sur les revenus des salines de Nhête. Que dut penser Joachim de cet or tendu par la main qui venait de signer l'ordre d'écrou de la famille de ses anciens rois ? Crut-il prudent, à cette

heure difficile d'accepter sans mot dire les évènements ? Ses biographes n'affirment rien à ce sujet, et ce ne fut que deux ans plus tard, après les horribles tortures infligées aux révoltés siciliens et au malheureux Guillaume
II, qu'il protesta auprès d'Henri VI, violemment, certes, sans toutefois les
excès de langage que ses laudateurs lui attribuent. Et même alors, même
lorsqu'Henri VI aura rompu avec le pape, spolié le Saint-Siège, volé le roi
Richard, il ne désertera pas la cause impériale : il ne s'écartera plus d'une
politique qu'il a murement réfléchie, et, même en censurant l'empereur, il
soutiendra l'empire. Ce sera lui —et certes, ce trait est à son honneur—,
qui réconciliera l'empereur mourant avec le pape, et qui, selon la tradition,
l'absoudra d'une vie abominable. Mais il ne faut pas chercher dans les mu-
nificences dont bénéficia l'abbaye de Flore, dans les honneurs dont il fut
lui-même revêtu, le motif de cette attitude. Seulement il vit avec clarté que
la protection impériale soutenue par le pape et le roi de France assurerait
seule à sa patrie épuisée, razziée, ensanglantée par des années et des années de pillage, une paix indispensable. La cause de la dynastie normande
énervée, décadente, qui ne s'appuyait plus, extérieurement, que sur un roi
prisonnier de l'empereur, et sur les sympathies lointaines et impuissantes
d'un vieillard, Henri-le-Lion, était perdue. Ni la geôle ni la vieillesse ne pouvaient la sauver. Dans cette aventure délicate, Joachim évita les palinodies
de certains dignitaires du royaume de Sicile, subordonna tout au salut de
sa province, et sauvegarda sa haute conscience religieuse en sachant ne protester qu'en temps opportun, non avec la fureur atrabilaire des documents
apocryphes, mais avec une dignité ferme. Sa politique, au premier abord,
parait d'abord un peu trop dégagée de certains souvenirs ; en la replaçant
dans l'atmosphère du moment, au milieu des sanglantes complications de
ces guerres successives, elle reprend sa couleur véritable. Au moment où il
prêta son appui à l'empereur, le ralliement à la cause impériale ne compor-
tait pas nécessairement de l'ingratitude : Henri VI n'avait encore commis
contre la famille de Tancrède aucun acte d'atrocité. Ce fut bien après, lors
du complot de décembre, qu'il pilla, massacra, fit écorcher vifs les révoltés ;
et même alors, il épargna la reine Sibylle et ses filles qu'il fit simplement in-
terner dans une abbaye d'Alsace d'où elles devaient sortir, quelques années
plus tard, et l'une d'elles pour devenir impératrice. À vrai dire, ce n'est pas
une famille, c'est une idée qu'il soutient, qu'il soutiendra âprement. Plus
tard, il emploiera ses dernières forces dans la lutte politique à soutenir la
candidature, d'ailleurs fort mal choisie, du jeune Frédéric, et ce jour-là il
sera mauvais politique et mauvais prophète.

Son activité d'ailleurs était retenue par des préoccupations plus immédiates, qui lui faisaient souhaiter plus ardemment encore la paix générale. Il était attristé, à cette époque, par la décadence de certains monastères auxquels il avait affaire. Le couvent de Curace, dans lequel il avait passé de si studieuses années, qu'il dirigea si attentivement, périclitait sous la conduite inhabile de son ancien secrétaire, qu'il avait désigné lui-même pour son successeur. Il éprouvait une véritable douleur des tribulations de ce monastère, dont il pouvait faire remonter la cause à son propre départ et au choix qu'il avait dicté au chapitre. Puis il se trouvait en procès avec de dangereux voisins, toute une bande de moines grecs, groupés sous la règle de saint Basile et la direction du Père Isaïe dans l'abbaye des Trois Saints-Enfants, vocable qui — nous le verrons plus tard — désignait fort mal cette corporation religieuse. Ce différend naquit d'un droit de pacage que revendiquaient les moines de saint Basile et qui appartenait, de toute évidence, aux religieux de Flore. L'affaire fut portée à Paierme au conseil impérial. Joachim eut gain de cause ; mais, ne voulant pas humilier des frères et désireux de ne leur porter nul dommage, il leur offrit, la sentence rendue, une partie du droit contesté à titre gratuit, et le reste contre une redevance annuelle de quatre sous d'or. Les Grecs acceptèrent, éparpillèrent leurs troupeaux dans les pacages de Flore, établirent un haras dans les futaies de l'Abbaye, et méditèrent quelque payement de leur façon pour la première échéance. Tous ces incidents, ces signes de décadence dans une abbaye, de mauvaise foi dans une autre, assombrissaient Joachim qui mettait toute sa confiance de renouveau spirituel dans la haute valeur morale des réguliers. Ah ! quand donc viendrait l'heure de la rénovation ?

Il voyageait assez fréquemment. Ce fut vers cette époque qu'il dut aller assister sa sœur dans son agonie. Dégagé de ce monde de chair, il n'avait jamais été tendre pour sa famille et rappelait souvent à ce sujet les paroles évangéliques. Mais, devant la mort, il fut ému et sut adoucir ses principes.

Au cours d'un de ces déplacements, comme il se trouvait en Sicile, il fut appelé par l'impératrice Constance. Il se rendit à Paierme pendant la semaine sainte de 1195. L'entrevue fut tout à la gloire du vieux moine qui retrouva un de ces gestes dont s'illustrèrent certains évêques des premiers siècles. L'impératrice témoigna le désir de faire une confession générale ; ils passèrent dans la chapelle du palais et, s'asseyant sur le trône impérial, elle désigna simplement une chaise à son confesseur. Joachim se dressa, indigné, tonnant contre un orgueil aussi insolent dans son inconscience. Puis il prit la chaise offerte et ce fut à genoux sur les dalles que la souveraine humiliée fit au prophète encore grondant le récit de sa vie.

Une telle politique, de tels gestes même, le succès du nouvel ordre dont provenaient les abbayes, n'apaisaient pas les vieilles rancunes. La campagne menée contre lui à grand fracas en France, plus sournoisement en Sicile, se continuait sans relâche. Plus son autorité augmentait, plus il fallait la combattre. Qu'il morigénât les rois, qu'il humiliât les impératrices, qu'il fondât un ordre, cela impliquait-il qu'il ne fût pas un faux prophète ? Certes, des récits de miracles couraient les cloîtres. Ainsi, précisément, ne contait-on pas qu'en revenant de cette entrevue théâtrale de Paierme, il s'était arrêté chez un prêtre, marié avant son sacerdoce, à qui sa femme, malade, refusait l'autorisation de rentrer dans un couvent, et qu'il avait guéri cette mégère après avoir obtenu d'elle quelle se séparât de son mari ? Encore un miracle ? Peut-être, mais peut-être aussi s'agissait-il d'un incident mal interprété, d'une guérison spirituelle. Et puis, n'y a-t-il pas de faux miracles, réussis par Satan, comme il y a de faux prophètes, inspirés par lui, pour que miracles et prédictions dupent les hommes ? Et puis, enfin, tout cela empêchait-il l'abbé de Flore d'être trithéiste ? Des moines prudents et vénérables hochaient leurs crânes ras, des novices clamaient au scandale, on potinait ferme dans les allées de buis, sous les arceaux des cloîtres cisterciens... Joachim n'ignorait rien de ces rumeurs. Pour en finir, il usa une fois de plus, la dernière, du procédé qui lui réussissait toujours, l'appel à l'autorité suprême. En quelques semaines, dans l'été de 1195, il rédigea les principaux passages du *Commentaire sur l'Apocalypse,* et se mit en route pour Rome.

XI

Le manuscrit qui emportait à Rome, pèlerin chargé de menaces, marquait une date dans l'histoire de l'Apocalypse. Et peut-être convient-il, pour mieux mettre en valeur la nouveauté du système de Joachim, de résumer brièvement l'histoire critique de l'œuvre de saint Jean.

Nul livre canonique ne connut plus de fortunes contraires. Sa valeur prophétique fut tout d'abord âprement discutée dans cet Orient même où il avait été composé, et peu de chimères, peut-être, furent jaugées, mesurées, disséquées, autant que celles qui s'échappèrent des pages menaçantes. Dès que les temps devenaient troubles, les observateurs mystiques se tournaient vers cet orage toujours rampant sur l'horizon, supputaient l'heure où ses flancs se déchireraient pour laisser tomber la foudre. Et pourtant, il faut attendre le IXe siècle pour que le patriarche Nicéphore l'authentifie. Si les Églises d'Occident lui furent plus favorables, ce n'est cependant qu'au Ve siècle que le pape Innocent Ier l'inscrivit définitivement au canon biblique et, nonobstant cette inscription, il deviendra plus tard nécessaire que le Concile de Tolède menace de l'excommunication les réfractaires qui suspectent cette canonicità. De hautes autorités ecclésiastiques des premiers siècles ne nomment même pas l'Apocalypse. Saint Cyrille de Jérusalem, saint Grégoire de Naziance, saint Chrysostome, gardent le silence sur elle, et quelques fidèles vont jusqu'à s'opposer à sa lecture publique dans les églises. Seulement, dès le IIe siècle, les commentateurs se sont emparés de ce livre obscur d'où un soleil masqué laisse déborder d'étranges rayons. Ils ont scruté, étudié séparément, puis confronté tous les versets, approfondi tous les symboles, examiné chacun des êtres qui apparaissent dans les scènes diverses du drame. Ils se sont escrimés sur le fameux chiffre de la Bête, ils en ont proposé d'innombrables explications. Et saint Jérôme avouait que ce livre contenait autant d'énigmes que de mots.

En réalité, l'Apocalypse apparait au lecteur détaché de l'exégèse, comme une composition assez complexe, et l'une des causes de ce tour énigmatique se trouve dans le manque de plan très net de plusieurs chapitres. Les différents documents présentent en effet, çà et là, des doublets, ou bien accusent une suture hâtive. L'on pressent la compilation ou, du moins, le mélange de certains souvenirs, à un texte original. L'unité de style, qui a préoccupé les exégètes, pourrait provenir du fait que le rédacteur évidemment unique de l'œuvre a introduit dans le cours d'un récit bariolé certaines locutions frappantes qui lui étaient familières, et qui donnent à l'ensemble une couleur originale et comme un gout de terroir.

Mais très probablement l'intérêt extrême que suscita dans de nombreuses imaginations l'Apocalypse johannique, lorsqu'elle commença de se répandre dans les Églises d'Asie Mineure, provint beaucoup moins de ses symboles difficiles ou de sa valeur originale que de l'esprit millénariste qui se dégage du chapitre XX. Cette apparition du millénarisme dans l'œuvre d'un apôtre devait nécessairement soulever de véhémentes réserves ou provoquer d'ardentes adhésions. La clé du débat se trouve sans doute là. Nous saisirions mieux, alors, la raison qui fait figurer parmi les adversaires les plus acharnés du livre les Aloges déjà vigoureusement opposés au millénarisme montaniste, alors que saint Justin, au contraire, l'appuie de son autorité, en insistant sur le Sabbat de la fin des temps. Tertullien, lui, dont les tendances montanistes devaient aboutir à l'hérésie, se sentait certainement attiré par le côté millénariste de l'inspiration johannique. Saint Augustin, qui défendait l'authenticité de l'œuvre, avouait lui-même avoir incliné aux imaginations de cet ordre. Et tous ceux qui rêvèrent d'une revanche des justes sur la terre même où ils souffrirent, dans cette chair même qu'ils domptèrent, tous ceux qui transplantèrent au couchant des jours le jardin paradisiaque fermé dès le deuxième chapitre de la Genèse, goutèrent pleinement le mystère de ce livre et y abreuvèrent leur soif d'espérance.

Presque toutes les apocalypses, d'ailleurs, offraient aux victimes des méchants, aux ascètes, à toute la foule pieuse, la revanche terrestre de l'austérité; en général, elles aboutissent comme inévitablement au triomphe sur les tyrans, à la vision lointaine des mille ans de gloire : «Heureux, s'écrie le voyant de Pathmos, ceux qui auront part à la première résurrection!» En somme, nous retrouvons, au fond de ces œuvres diverses, si inférieures à l'Apocalypse de saint Jean, les mêmes grandes lignes du drame final. La même idée grandiose s'y affuble d'accessoires baroques. Dans l'Apocalypse d'Élie, par exemple, l'auteur nous conte les combats de l'antéchrist contre la vierge Tabithra qui viendra lancer un défi au monstre dans l'enceinte même de Jérusalem. Une mêlée générale s'ensuivra, où les prophètes Élie et Hénoch seront tués, resteront quatre jours en proie aux oiseaux et aux chiens, puis ressusciteront pour assister à la victoire du Christ et au règne sabbatique.[1]

Le millénarisme s'avère ainsi l'un des éléments essentiels de ce drame, aussi bien que de ceux dont les Apocalypses d'Hénoch, de Baruch ou d'Esdras nous retracent les tragiques péripéties. Qu'il s'agisse de quatre-cent-trente ans, ou de mille ans, le rédacteur de ces œuvres assigne toujours aux fidèles, avant le repos éternel, une période de délectation, de triomphe, la réparation de tous les maux dans une fête sublime. Une immense liesse dore le monde ; la terre promise, dont le pays des Hébreux n'offrait que la pâle figure, est atteinte après tant de combats et d'épreuves ; la table est servie, les coupes sont pleines, les flambeaux illumineront la noce éternelle. Les corps, les pauvres corps jadis humiliés, dressés maintenant dans une beauté définitive et lumineuse, sont vêtus de robes blanches ; la misère et le mal s'éloignent dans le passé ; et les anges jouent sur les harpes d'argent des cantilènes si ineffables que les cœurs en fondent infiniment... Cet espoir, l'Apocalypse johannique ne l'avait pas omis, mais il avait toutefois comme atténué la matérialité de ces agapes futures et noblement intellectualisé la vision de cette apothéose des justes.

Mais que ce fut en Orient ou en Occident, que ce fût aux jours où son authenticité se trouvait encore livrée aux disputes ou plus tard lorsque son titre figura dans la liste des écrits canoniques, la méthode d'explication de l'Apocalypse varia fortement. L'énorme effort d'analyse poursuivi sur cette œuvre pendant dix siècles avait toutefois surtout porté sur le symbolisme des visions et — mais plus rarement, et en principe, au début — sur l'attribution de l'œuvre. C'est ainsi, pour écarter tout de suite cette dernière question ici secondaire, que Caïus indiquait pour auteur possible le millénariste Cérinthe, ce qui ne peut que surprendre lorsqu'on se souvient de la haine de ce dernier pour les gentils, convoqués aux grandes assises apocalyptiques. Mais en ce qui concerne le symbolisme dont nous avons à peu près exclusivement à nous occuper en ces pages, les exégètes asiates, en grande majorité, s'attachaient volontiers à la lettre du texte, et se montraient désireux de fournir un sens purement historique aux apparitions successives d'images. L'œuvre tout entière aurait ainsi résumé, d'après leur thèse, l'histoire de l'Église depuis sa fondation jusqu'au Jugement. Dans cette thèse, une partie des évènements figurés auraient déjà eu heu, ce qui

---

1. Dans la plupart de ces récits, Elie et Hénoch jouent un rôle de premier plan et semblent reparaître, eux qui furent réservés par le Seigneur pour le témoignage suprême, afin de sacrifier à la loi universelle de la mort, dont nul être créé ne doit être exempt.

permettait à la fois aux commentateurs d'exercer leur sagacité et de découvrir la grille qui, posée sur le texte, en illuminerait tout à coup le sens. À peu près tous ces déchiffreurs positifs s'accordèrent d'ailleurs pour désigner Néron comme le prototype de la Bête. D'autres, au contraire, donnaient au livre un sens tout spirituel, le présentaient comme un recueil mystique, tout brillant des images de la tragédie où se débat l'âme humaine. Méthodon fut un des maitres les plus remarquables de cette théorie et traduisit les sept têtes du dragon par les sept péchés capitaux, ainsi que les dix cornes par dix nouveaux commandements annulant ceux de Moïse. D'autres enfin, d'esprit plus particulièrement critique, examinant l'ensemble de l'œuvre furent frappés de la difficulté que créait le renouvèlement des symboles dans un même rythme, et sans toutefois apercevoir les doublets que les exégètes modernes ont dépistés, cherchèrent à simplifier le drame en supposant que l'auteur a voulu en accroitre la force par l'évocation sous plusieurs formes d'une seule série d'évènements. Saint Victorin de Pattau fut ainsi amené à proposer la thèse de la récapitulation, en indiquant que les faits envisagés par l'Apocalypse sont limités, mais se trouvent symbolisés par plusieurs images. Il est frappant, en effet, de constater que les fléaux se renouvèlent par séries égales de sept. Cette nouvelle théorie de la récapitulation, combinée toutefois avec l'antérieure explication spirituelle, demeura longtemps la base de tout commentaire de l'Apocalypse. Les docteurs orthodoxes reprirent et aménagèrent les idées de l'hérétique Tyconius[1] qui, l'un des premiers, avait réalisé cette combinaison, et aboutirent à une doctrine très intéressante. L'explication générale s'élargit. Il ne s'agit plus d'évènements précis, annoncés à l'avance, d'une sorte de calendrier mystérieux et tragique, d'éphémérides énigmatiques de l'Église, mais de l'antagonisme qui met aux prises sur terre la vérité et le mensonge, les justes et les méchants. Il ne s'agit plus d'êtres corporels, ayant une date de naissance et une date de mort, d'un état civil des grands adversaires de la religion. L'antéchrist est une entité. L'Apocalypse s'universalise et se désindividualise. Un sens des masses et des évolutions se dessine. Saint Augustin et, plus encore, Orimasius colorent ce nouveau plan spirituel.

Tels apparaissent dans leurs grandes lignes les principes qui dominaient l'étude de l'Apocalypse au moment où Joachim de Flore avait commencé ses travaux. Dans le lointain, Alcuin ou Walafried Strabon, beaucoup plus

---

1. Le commentaire de Tyconius a disparu ; mais la plus grande partie en est éparse dans les écrits de ceux qui l'ont cité ou critiqué, et notamment dans l'ouvrage de Beatus de Liebana (Cf. H.-L. Ramsay *Le commentaire de l'Apocalypse* par Beatus de Liebana, *Revue d'histoire et de littérature religieuse*, t.VII, 1902).

près les philosophes Anselme de Laon puis son contemporain Richard de Saint-Victor avaient apporté à l'examen du livre redoutable un sens aigu de l'ordre et de la mystique. Joachim, lui, avec son esprit visionnaire, élargit encore le sens de l'Apocalypse. Sa tendance à spiritualiser toute chose s'accordait sur un point avec la thèse de ses prédécesseurs immédiats. Son gout de simplification le poussait à utiliser la thèse de la récapitulation. Mais il infusait aux recherches un esprit nouveau qui en transformait les tendances. Il tient à peu près, peut-être sans s'en rendre un compte exact, les résultats acquis comme non avenus.

Il n'accepte que des méthodes d'investigation. À manier ces méthodes, à fureter vers d'autres résultats, il mit toute sa science réelle, toute sa minutie étonnante, aussi toute son étrange imagination. *Expo sitio in Apocalypsim* s'affirme à la fois comme son chef-d'œuvre et comme l'achèvement de ses travaux.

Joachim est un philosophe de l'histoire. Voilà en quoi il rompt avec ses devanciers. Les livres inspirés qu'il lit, relit, commente sans fin, il les examine au point de vue historique. Il ne peut admettre un monde sans logique, sans concordances. Il cherche ardemment à retrouver l'ordre universel dans le chaos apparent des évènements. La Bible lui découvrait l'histoire la plus ancienne depuis la création, depuis les siècles ennuagés où nous apercevons confusément errer l'humanité primitive, acharnée à de sporadiques essais d'organisation. L'Évangile lui exposait l'histoire de la Rédemption. L'Apocalypse lui propose l'explication des quelques siècles écoulés depuis la fondation de l'Église et de ceux qui se dérouleront jusqu'au Jugement. M. A. Sabatier a très bien indiqué que, par là, Joachim de Flore demeure l'un des créateurs de la philosophie de l'histoire, un précurseur de Bossuet et de Hegel : « L'unité du pouvoir universel — disait-il, en parlant de Joachim et de ses pareils dans sa conférence à la société des Études juives sur l'Apocalypse juive et la philosophie de l'histoire — concentrée dans la personnalité d'un Dieu unique, leur avait permis d'unifier l'histoire humaine et de faire entrer dans le même système l'ensemble des nations, leurs rôles successifs et leurs destinées. Ils avaient ainsi exclu de l'histoire le hasard, l'accident. » Seulement, Bossuet devait montrer l'Esprit dirigeant l'évolution du monde, Hegel devait montrer le monde, poursuivant la réalisation de l'Esprit. Joachim, lui, voyait le monde distinct de l'esprit, mais évoluant, par une révélation à paliers successifs, vers sa rencontre avec l'Esprit qui lui révèlerait la vérité. Son commentaire de l'Apocalypse couronnait donc les concordances des deux premiers Testaments par la troisième et suprême concordance prédite par Jésus au soir mystérieux de la Cène.

Historien et mystique, il voit donc l'Apocalypse dérouler ses évènements sur un plan spirituel sans doute, mais dans un monde humain. L'univers est tragique. Nul ne le conteste ? Soit. Mais il faut que la tragédie soit parfaite, quelle marche logiquement de son début à son dénouement. Or, l'intelligence du drame nous est offerte précisément dans ces quelques pages, témoignage profond, curieux et décisif. Le témoignage est authentique. Il est de première main écrit par un apôtre, par l'apôtre préféré du Christ. Joachim, en effet, ne soulève pas d'objection contre l'attribution de l'Apocalypse à saint Jean ; et, somme toute, il ne semble pas que la critique ait, avant lui, apporté d'argument décisif contre la thèse traditionaliste qui dès le début du IIe siècle, désignait le fils de Zébédée comme son auteur.

La valeur du témoignage ainsi mise hors de conteste, Joachim admet que les séries de symboles se rapportent à une seule série d'évènements qu'elles présentent sous des jours divers pour mieux en éclairer tous les aspects. Il divise, subdivise les concordances, les différentes époques du livre, arrive ainsi à un tableau simplifié, rapide, de huit époques. Et aussitôt, toute l'histoire est sous nos yeux, l'histoire presque entièrement écoulée, grande terre battue des vents, frappée d'orage, à peu près traversée par la longue caravane humaine qui déjà, dans l'étrange arôme qui sale les souffles de l'espace, pressent que la mer, que l'éternité sont proches... La majeure partie des évènements consignés dans l'Apocalypse est passée. La sixième époque va se clore. La septième des huit époques sera celle des ordres mendiants, et la huitième, celle de la béatitude indéfinie.

Ce schéma établi, Joachim se trouve en mesure d'élucider le sens des symboles. Reprenant la conception des commentateurs spirituels, il désindividualise. Il voit, dans les deux dangers qui menacent l'Église, le mahométanisme émergeant lentement des flots de l'Orient. *(Puis je vis monter de la mer une bête qui avait dix cornes et sept têtes,* 13-1), mais que les croisades ont frappé *(et je vis l'une de ces bêtes comme blessée à mort,* 13-3) et l'hérésie qui pullule sur les terres continentales *(puis je vis monter de la terre une autre bête,* 13-11). Mais, pour d'autres détails, il accepte, en changeant les noms dont la série ancienne se limitait à un temps trop étroit, la conception personnaliste des premiers chercheurs. Les sept têtes du Dragon, il les image des noms de Néron, de Constantin, de Chosroës, de Mahomet, d'Henri Ier et de Saladin. Puis apparaîtra l'antéchrist.

Nous touchons ici à un point délicat dont l'interprétation nuit d'ailleurs plus tard à Joachim. Je ne sais si ce catalogue monstrueux a été retouché, mais je l'en soupçonne. Outre qu'il ne correspond pas à la liste, d'ailleurs suspecte, des princes infernaux énumérés au roi Richard dans l'entrevue mémorable de Mategriffon, il donne le nom inattendu d'Henri Ier. L'adjonction de ce nom d'empereur peut avoir été faite dans l'esprit qui dicta les apocryphes tout retentissants d'anathèmes à l'adresse d'Henri VI. Les disciples aventureux de Joachim ont probablement faussé ici, une fois de plus, sa pensée, comme ils l'ont faussée en donnant à la Bête le visage de Frédéric II et à l'antéchrist la figure de la Papauté. Toutes ces images interchangeables excitaient fortement la verve des moines politiciens et des exégètes en veine d'hétérodoxie. En réalité, Joachim vit si peu Frédéric II dans la Bête qu'il employa tous ses efforts—et en ceci, du moins, il n'eut pas la prescience de l'avenir— pour assurer au fils d'Henri VI la couronne impériale. Et si, dans l'explication beaucoup plus grave pour lui de l'antéchrist, il parait avoir hésité jusqu'à recourir, pour couvrir sa retraite en de certaines discussions, à une interprétation peut-être trop complaisante d'un passage de la première Épitre de saint Jean, jamais il ne symbolisa la Papauté dans cet ennemi de Dieu. Lorsqu'il ne voyait pas dans l'antéchrist un personnage réel, il appliquait ce vocable non à Rome, mais à tous les ennemis de l'Église confondus dans un être innombrable et multiforme.

Voilà en perspective, sous ce ciel pesant de la fin du XIIe siècle bien des luttes, bien des tristesses, bien des douleurs encore. Mais que les fidèles reprennent haleine, que les misérables se réjouissent : la fin approche ! La sixième époque, cette époque décevante où s'agite avec le masque de Saladin la dernière tête du Dragon, ne compte plus que quelques heures, avant d'aller rejoindre dans le passé les autres chapitres de l'histoire. Les derniers versets de l'Apocalypse sont psalmodiés par des voix mystérieuses. Joachim a terminé ses calculs, vérifié ses dates. Hélas ! combien, depuis saint Hippolyte qui avait calculé que le Christ étant né en 5.500, les mille ans du triomphe des saints devaient commencer en l'an 600, depuis saint Augustin attendant l'arrivée d'Élie, avaient recommencé vainement cette mathématique du mystère !

Mais ceux que hante l'esprit de la justice ne regardent pas derrière eux les démentis de l'histoire. Joachim affirmait, nous l'avons vu, que le règne de l'Esprit devait commencer en 1260. Maintenant il fixait les dernières étapes. Les religieux, vainqueurs de la chair et dépositaires de l'esprit, allaient vaincre les deux dragons — Saladin, suivi de ses hordes musulmanes, monstre des rivages, qui apparait là-bas, au-dessus des flots, — l'Hérésie, les Patarins, les

Vaudois, toutes les sectes, la Bête subtile, mauvaise, disputeuse, aux mille têtes renaissantes, qui se terre actuellement dans les campagnes italiennes ou franques. Il n'y aura plus qu'à attendre l'apparition de l'antéchrist et son combat contre celui dont nul ne connait le nom, le Fidèle et le Véritable monté sur un cheval blanc, et qui jettera la Bête et le faux prophète dans l'étang de soufre et de feu. Les oiseaux, par volées immenses, s'abattront sur les plaines où pourriront les cadavres des méchants. Satan sera lié. Et la grande fête de joie commencera pour mille ans.

Ce règne des saints, Joachim l'interprétait en historien comme un évè-nement réel, un chapitre sublime de l'histoire terrestre. Il rejoignait ainsi, par-dessus Orimasius et Tyconius, les premiers commentateurs de l'Apo-calypse, saint Irénée ou saint Justin. Il fermait par un triomphe de la chair régénérée le cycle tragique de la chair déchue. Les pauvres, les humbles, les désespérés de la vie allaient s'assoir au banquet divin, comme le soir où Jésus descendit chez Levi, à la table illuminée qu'entouraient les douaniers et les publicains. Il demeurait logique avec ses vues de prophète réaliste. Et tout cela, il le voyait avec la même couleur, le même relief que des évènements contemporains. Il se figurait les combats futurs avec la même précision que les batailles et les sièges poursuivis par Henri VI. Saladin n'existait-il pas ? L'antéchrist n'arriverait-il pas demain ? Qui sait ? Peut-être l'avait-il croisé, tout jeune encore, au cours d'un de ses voyages... Ses visions fantastiques et le monde réel s'amalgamaient merveilleusement. Il avait dressé, enfin, une grande et complète image du drame universel. Il tenait maintenant toute l'histoire de la planète sous son regard : tout le drame de la Justice.

Mais, en même temps qu'il donnait du récit johannique une explication neuve, il en faisait sortir les images du cadre catholique. Il allait paitre les dragons et les chimères en marge du bon chemin. Cette explication n'était pas orthodoxe. Sans doute ne sera-t-elle pas écartée par le pape ; sans doute vaudra-t-elle, au traducteur de l'énigme, des félicitations cardinalices et la curiosité sympathisante des théologiens : ses disciples n'y découvriront pas moins demain le germe de redoutables principes, dont ils essayeront de miner, minutieusement et lentement, les fondements mêmes de l'Église.

C'est que, sans le style sombre, sourd de tonnerre, sans les élans terribles de Lamennais, l'abbé Joachim avait mis dans son *Commentaire* un peu de la dynamite morale des *Paroles d'un croyant*. On ne manie pas impunément l'Apocalypse. Il est dangereux, au regard des puissances du monde, d'en appeler au Jugement de Dieu, même avec d'infinies précautions. L'erreur lamentable de Lamennais provint de ce qu'il était né pour être, non pas prêtre, mais publiciste politique. Vivant en 1848, Joachim aurait été certainement un journaliste véhément, implacable, jetant aux rois de bibliques anathèmes, les lapidant avec cailloux ramassés dans la vigne de Naboth, et, pâles de fureur, voyant s'approcher, règne de plus de mille ans, l'aurore de la fraternité universelle. Il ne se serait pas moins trompé dans ses calculs, d'ailleurs, que six-cent-cinquante-trois ans auparavant.

XII

onc, à l'automne de 1195, l'abbé Joachim gagna Rome, portant sa boite à chimères dans sa besace. Il sembla que l'on entendît sur la poussière, entre les arbres de la route, le pas lourd du dernier prophète. Célestin III lui gardait sa faveur.

Affaibli de caractère, il n'avait, d'ailleurs, aucun gout pour les disputes théologiques. Mais la curiosité, dans la ville, fut immense. On s'arracha le vieux montreur d'épouvante. Chacun voulait soulever le couvercle pour voir s'avancer une tête de dragon, énigmatique, visqueuse, et numérotée. Cardinaux, abbés, laïcs, l'interrogeaient avec la même fièvre sur le symbole des sept rois, qui hantait alors particulièrement les imaginations, parce qu'il semblait correspondre aux évènements contemporains. Lui, il illuminait les allégories, exposait volontiers son système, et profitait de ces conversations dans les groupes pour donner des conseils de piété, prêcher la crainte du Dieu qui allait venir. Et la plupart de ses interlocuteurs l'écoutaient avec une vénération croisée d'effroi.

La plupart. Pas tous cependant. Il retrouvait, en effet, à la cour romaine, ou dans la ville, ses adversaires, drus, acharnés, les moines de l'Ordre de Cîteaux. La politique française, on l'a vu, avait d'autre part intérêt à ce que Joachim fût un faux prophète. Les partisans de cette politique et les amis des cisterciens, alliés dans une même opposition, critiquèrent donc avec une habileté amère au palais de Latran, dans les monastères, auprès des princes ecclésiastiques, ses interprétations de l'œuvre johannique. Pour montrer le défaut de la théorie, ils prenaient texte, surtout, avec une vue très claire du point faible, de ses prédictions concernant l'antéchrist. Joachim, nous l'avons vu, —et cette affirmation avait toujours produit une impression sensationnelle — affirmait de temps à autre avec sa conviction violente que l'antéchrist était né. L'idée que, tout enfant encore, sans doute le redoutable protagoniste du grand drame vivait dans quelque petite cité paisible, peinte et crènelée, jouant sur quelque marché aux herbes avec les écoliers de son âge, faisait passer entre les épaules de ses interlocuteurs, un frisson étrange. L'affirmation était hasardeuse, et grosse d'ailleurs de conséquences, au point qu'il n'avait jamais eu de doctrine très sure touchant ce mystère, et qu'il

Emmanuel Aegerter

avait eu recours, à plusieurs reprises, pour exposer ce détail difficile, à des explications dont l'ingéniosité pouvait paraitre excessive. Ses adversaires, en effet, rappelaient que, d'après la tradition, l'antéchrist devait naitre à Babylone, d'une tribu juive, et s'établir dans le temple même de Jérusalem. L'Apocalypse d'Élie précisait également ce dernier détail. L'idée en somme parallèle et souvent exprimée par Joachim, qu'Élie méditait probablement à cette même époque dans la cellule d'un monastère la fondation de l'ordre religieux qui devait instaurer le règne de l'Esprit, ne pouvait également que surprendre. Certes, l'existence des personnages légendaires de la fin des temps colorait bizarrement pour les auditeurs de Joachim l'atmosphère de ces heures déjà troublantes. Peut-être, quelque soir proche, la porte d'un cloitre allait s'ouvrir, un moine pâle apparaitrait pour annoncer la création de la Congrégation nouvelle et les fidèles accourus verraient briller dans ses prunelles l'âme orageuse d'Élie ; peut-être un tyran allait-il surgir, quelque nuit sanglante, et sur le trône où il s'assiérait, après d'effrayants massacres, la foule épouvantée reconnaitrait l'antéchrist. Mais si l'on réfléchissait sérieusement, les conditions générales du monde ne permettaient guère alors d'accepter de telles affirmations. Depuis des siècles Babylone dormait sous le sable. Depuis des siècles le temple était détruit. Les ordres de Cîteaux et de Cluny rayonnaient dans toute leur puissance civilisatrice. Que venait donc conter ce prophète ?

Le double souci des intérêts français et de la grandeur cistercienne trouva justement, lors du séjour de Joachim à Rome, un représentant combattif dans l'abbé Adam de Prendaigne. Ce prélat, qui venait d'arriver à Rome, appréciait, parait-il, Joachim. M. Henri Fournier estime que leur aversion commune pour les savants ne pouvait que rapprocher les deux moines, mais qu'en réalité leur rencontre ne parait pas avoir développé leur sympathie. C'est que, pour disposé que pût être l'abbé de Prendaigne à l'égard de la personnalité de Joachim, il ne pouvait que considérer à la fois sa prophétie de Mategriffon comme un crime de lèse-majesté, et son départ de l'ordre comme une apostasie monastique. Leur dispute en tout cas fut retentissante. Les dignitaires de la cour avaient très habilement organisé cette rencontre. On goutait fort, alors, ces conférences contradictoires sur un sujet de subtile théorie, et l'une des plus célèbres et des plus solennelles avait été quelques années auparavant la rencontre de saint Bernard et de Gilbert de la Porrée. Les cisterciens exultaient : il ne s'agissait plus de miracles incontrôlables, de machineries politiques. On tenait l'adversaire en chair et en os. Il faudrait bien qu'il s'expliquât. Il s'expliqua en effet. Mis en présence du fougueux abbé, Joachim avec sa prudence coutumière et son expérience de ces sortes de débats, commença par récuser le titre de prophète. Du même coup, il plaçait la discussion sur le terrain de l'exégèse. En se dérobant à sa légende, il ne faisait d'ailleurs, que persister dans son attitude toujours très nette : il n'avait jamais prophétisé qu'en interprétant des textes, ou encore en appliquant les mathématiques aux calculs de la durée de l'univers. Aussitôt, il en revenait à ses versets et à ses chiffres. Seulement, l'abbé Adam était un rude jouteur et, négligeant l'ensemble du système, alla droit à la question dangereuse : l'existence de l'antéchrist. Joachim maintint sa thèse, et l'abbé Adam lui opposa aussitôt, avec une impressionnante série d'arguments, que les conditions très précises de la venue de l'antéchrist, dont j'ai plus haut rappelé les principales, n'étaient pas réalisées, et qu'aucun des signes précurseurs de la grande Angoisse n'avait encore paru. Joachim tourna la difficulté en rappelant le verset de saint Jean qui permet aux calculateurs ingénieux de multiplier les antéchrists. Pour l'apôtre, en effet, plusieurs antéchrists ont déjà fait leur apparition à l'heure où il rédige sa première Épitre. Joachim joua très heureusement de ce texte, rappela en même temps le verset de l'Apocalypse évoquant le dragon à huit têtes, et conclut qu'il y aura dix antéchrists, dont le dernier sera le plus terrible, l'antéchrist véritable. L'abbé Adam déploya toute sa dialectique, tout son immense savoir pour faire justice de cette interprétation ; mais Joachim, solidement retranché derrière les affirmations johanniques, ne pouvait guère être battu dans une controverse dont il possédait de longue date tous les éléments. Les auditeurs demeurèrent perplexes. Cette conférence, attendue avec anxiété par les adversaires de Joachim, ne leur procura donc aucun résultat pratique. L'abbé de Flore conserva l'appui du Saint-Siège, et reçut pour son livre l'approbation des théologiens. Sûr désormais de pouvoir résister par son seul silence à la campagne de sermons des cisterciens, il demeura peu de temps à Rome.

Quelques mois plus tard, alors que l'on pouvait espérer une époque de relative tranquillité, de tragiques évènements ensanglantèrent la Sicile. Henri VI fut surpris, au moment où il songeait à une expédition contre l'empire grec, par des soulèvements dans l'Île. Les nobles, las de la tyrannie étrangère, s'étaient groupés autour de Richard d'Acerna. Cette fois, Henri VI fut impitoyable et ne se contenta pas de faire dépouiller de leur peau quelques malheureux : froid poète, il indiqua d'effroyables supplices. Les bourreaux enduisaient de bitume ces hommes coupables d'aimer leur pays, et les allumaient, torches hurlantes qui grésillaient sur les places publiques, ou bien ils les sciaient tranquillement entre deux planches, tronçons muets. La boucherie devint ignoble. Henri VI voulut un sacre dérisoire pour ce royaume manqué, et fit encercler d'une couronne de fer rougi le front d'un des chefs révoltés. Toute la Sicile puait le fauve. La colère impériale ne se borna pas à File. Là-bas, en Allemagne, le pauvre Guillaume II, un adolescent encore, fut aveuglé par des miroirs et mutilé. Joachim éleva la voix pour protester contre ces atrocités. Ce fut en vain. Et quelques mois plus tard, ce fut lui qui, dit-on, vint absoudre l'empereur atroce mourant en pleine jeunesse, entouré de spectres, dans la rumeur innombrable de la croisade qu'il organisait.

Entretemps, Joachim avait continué à rencontrer dans la gestion de l'abbaye des difficultés pénibles et s'était de nouveau heurté à l'hostilité de ses confrères voisins du couvent grec des Trois Saints-Enfants, comme un simple baron italien à la révolte de quelque bourgade rebelle ; on se souvient qu'à la suite d'un procès entrepris contre l'Ordre de Flore et perdu par leur supérieur, le père Isaïe, Joachim avait octroyé à ses voisins, afin d'éviter toute rancune, un certain nombre de droits dont le caractère de précarité devait être sauvegardé par le payement annuel de quatre sous d'or. Les obédients du père Isaïe s'étaient bien gardés, depuis lors, de verser la moindre part de leur redevance, et, trois ans après l'arrangement conclu entre l'abbé Joachim et l'abbé Isaïe, le trésorier de Flore n'avait rien perçu. Il fallut rappeler aux confrères oublieux que les petites dettes s'accumulaient. Au reçu de cet avertissement sans frais, de cette feuille verte ecclésiastique, les ardents religieux des Saints-Enfants, mauvais fils pour l'heure, bondirent sur leurs armes et marchèrent en formations serrées sur l'abbaye de Bonbois, de l'Ordre de Flore, qui haussait son clocher tout prêt de leur propre monastère. Les malheureux moines de Bonbois vaquaient sans soucis à leurs travaux agrestes, paissant les vaches, poussant les voitures de fumier, lorsqu'un tourbillon haillonneux et hurlant, luisant de barbes farouches, de tonsures pâles, de regards furieux, de bras velus hors des manches déchirées, d'armes levées, déboucha d'un bois et s'abattit sur eux. Ce fut en un instant, au milieu d'une fuite bêlante et mugissante d'animaux, une mêlée héroïque de frocs suivie d'une razzia orientale. Les moines grecs, fous de rage, rossèrent à mort les frères bergers, firent prisonniers les moutons, puis, donnant l'assaut à l'abbaye, la pillèrent et l'incendièrent. Grange et hôtellerie flambèrent. Les Saints-Enfants rentrèrent alors dans leur cloître forteresse, rompus de butin, tandis que les lueurs de l'abbaye en feu éclairaient les bergers étendus, à demi-assommés, sur la prairie.

Indigné de cette façon de régler les dettes, Joachim en appela aussitôt à la justice impériale. Un tribunal mixte de juges ecclésiastiques et de juges laïcs examina l'affaire et fit saisir les biens du couvent des Trois Saints-Enfants pour dédommager l'Ordre de Flore du pillage de l'abbaye de Bonbois. Mais un tel jugement ne pouvait pas satisfaire Joachim. Ce n'était pas seulement le préjudice matériel qui l'avait affecté ; il se trouvait de plus en plus douloureusement atteint par de tels spectacles et nuis dommages-intérêts ne pouvaient effacer en lui l'impression reçue. Nous l'avons vu, les rixes de ce genre, dénotant chez certains religieux un déplorable esprit, l'assombrissaient. Plus alors que jamais, en évoquant ces monastères qui ne constituaient plus que de petits groupements d'anarchistes prêts à des coups de main fructueux, tout disposés à préparer des expéditions dans la société organisée, Joachim devait appeler de ses vœux la création de l'ordre réparateur, de l'ordre des grands ascètes qui préluderaient au règne final de l'Esprit. Savait-il, à de pareilles heures, que dans une ville peu éloignée de la sienne grandissait, insoucieux de l'avenir, le fils d'un drapier, le jeune homme turbulent et gai qui devait réaliser son espoir mystique ? Là-bas vivait pourtant le futur saint François d'Assise. Là-bas, plus loin encore, à Talencia, travaillait avec acharnement le jeune étudiant espagnol qui sera saint Dominique.

Mais pas plus qu'au moment où il se séparait de Cîteaux pour créer le monastère de Flore, il ne songe à promouvoir cet ordre sauveur, à transformer celui qu'il dirige pour tâcher de lui assurer ce rôle glorieux. Sans doute, ne distinguait-il pas quel principe pouvait revivifier le monachisme et se contenta-t-il de créer un organisme de transition propre seulement à sauver quelques âmes d'élite avant la formidable rénovation prévue. Il avait apprécié, cependant, et mis en œuvre la vertu monacale qui sera la force du fondateur de l'ordre futur, la pauvreté, et il avait su éviter, en préconisant le renoncement à la propriété individuelle, l'erreur qui fit condamner et avorter dans cette même fin de siècle des mouvements religieux vite tournés à l'hérésie. Mais il lui manqua l'allégresse. Il n'eut pas cette délirante joie de la pauvreté qui transporta saint François. Il ne fit pas du dénuement une fièvre des cœurs ; il ne chanta pas l'alléluia de la misère. Il n'en fit qu'un article de la règle, quelques lignes sur un cartulaire. Cette poudre formidable qui faillit, plus tard, bouleverser le vieux monde, il la distribuait en petites doses individuelles, propres à tonifier le cœur. Il ne pencha pas de flamme vers l'explosif.

Cependant, tout en dirigeant les affaires embrouillées de cet ordre dont il soupçonnait ainsi la fragilité, il continuait à s'intéresser aux complications politiques du sud de l'Italie et aux évènements religieux du monde. Pieux mentor d'un futur hérésiarque, il veillait de loin sur le jeune Frédéric II, adressait à l'impératrice Constance, pour l'éducation du jeune prince, de graves conseils. Il devait répondre, aussi, aux missives qui lui étaient adressées de contrées parfois lointaines et c'est ainsi qu'il eut à donner à saint Cyrille une consultation mystique. À ses rares heures de loisir, il allait méditer sous les hautes futaies qui avoisinaient Flore, passant sous les pins sombres au milieu de ses visions familières. Il goutait alors le sentiment frémissant et âpre de celui qui sait que les temps sont proches et qu'il marche dans le couchant d'un monde. Parfois aussi, il se rendait dans quelque ville de Calabre pour prêcher.

Cependant, Célestin III mourut. Le conclave désigna le cardinal Lothaire, de la vieille famille romaine des Segni. La carrière du nouveau pape, bien que contrariée un moment par l'accession au trône pontifical de Célestin III, son ennemi politique, avait été extrêmement rapide. Cette rapidité se justifiait, d'ailleurs, amplement, par les hautes qualités de l'homme. Ancien étudiant de l'Université de Paris, puis de celle de Bologne, le cardinal Lothaire se présentait comme un théologien remarquable. Un penchant mystique assez curieux eût pu lui être défavorable par l'étrangeté de certaines de ses manifestations, mais il sut, par souci d'une politique réaliste, le ramener vite à ses justes limites et faire d'un défaut regrettable une fière originalité. Au moment de son élection, le 8 janvier 1197, il n'avait que trente-sept ans. En pleine force intellectuelle, conscient pleinement de la mission qui lui était dévolue dans cette crise des pouvoirs sacerdotaux et laïques, il sut inaugurer avec noblesse un pontificat qui devait rester illustre.

Il se trouva aussitôt devant le même problème menaçant et difficile à régler que ses prédécesseurs, celui du royaume de Sicile. Il reprit vigoureusement la tradition pontificale, s'ingéniant à empêcher que la couronne de Paierme ne se confondît avec la couronne impériale. L'ancien royaume normand et l'empire, en se trouvant conjugués, avaient resserré autour du douaire pontifical une rude et double mâchoire. Si le danger apparaissait immédiat, la situation demeurait confuse. Les prétendants à la succession de Frédéric Barberousse recrutaient avec fureur. Philippe de Souabe s'appuyait sur une partie de la noblesse allemande ; Othon le Guelfe, sur d'autres vassaux. Restait le petit roi de Sicile, le futur Frédéric II, dont l'impératrice défendait inlassablement les droits.

Joachim s'entremit presque aussitôt dans cet imbroglio. Depuis les derniers évènements auxquels il s'était trouvé mêlé, il n'avait pas changé de thèse. Il voulait épargner à son pays le retour des heures sanglantes, lui assurer, au milieu de la tragédie politique, une paix relative. Il amena donc l'impératrice Constance à réclamer d'innocent IV la couronne de Sicile pour son fils, afin de régler une situation dont la diplomatie fatiguée et lointaine de Célestin III n'avait que trop prolongé l'équivoque. Cette intervention était habile. D'une part, l'impératrice voyait, dans les négociations amorcées, l'occasion d'obtenir enfin officiellement la Sicile pour Frédéric II ; de l'autre, le pape y saisissait une possibilité de rendre plus difficile l'union de la Sicile et de l'Allemagne. Constance désigna, pour plénipotentiaires, l'archevêque de Naples, Anselme, et l'archidiacre de Syracuse, Aymeric, qui se rendirent aussitôt à Rome. Dès les premières conversations, les difficultés s'affirmèrent. Innocent IV connaissait fort bien la géographie politique de l'Europe, et les méandres des caractères princiers. Soucieux de ne jeter son autorité dans le conflit qu'en échange de profits réels, il entendait ne pas se faire duper comme Célestin III qui crut toujours aux promesses de croisade d'Henri VI. Il réclamait donc un concordat qui put rétablir en Sicile la situation ecclésiastique antérieure, moyennant quoi il se déclarait tuteur du jeune Frédéric. Le pape jouait là un coup de maitre. Il devenait ainsi suzerain irrécusable du royaume de Sicile et se donnait désormais l'autorité juridique nécessaire pour manœuvrer à l'aise contre les prétentions impériales, défendre l'intégrité de l'Italie du Sud, et sauvegarder, entre deux puissances indépendantes l'une de l'autre, l'intégrité du pouvoir temporel. Il y eut des hésitations du côté des Siciliens. Enfin, les négociateurs s'entendirent. Outre le payement au Saint-Siège d'une redevance annuelle de six-mille livres, Constance acceptait l'hommage au pape. Tout était prêt. L'abbé Joachim pouvait se féliciter de toucher au but de ses efforts politiques. Le cardinal Octavien se mit en route pour Paierme, afin de représenter Innocent IV dans la cérémonie de vassalité. Mais avant qu'il fût arrivé en Sicile, l'impératrice était morte.

Cette mort ne fit pas fléchir les directives papales ; Innocent IV se considéra comme le tuteur du jeune orphelin et commença cette série de démarches, de luttes, cette entreprise de diplomatie ardente et hautaine qui devaient aboutir à faire couronner empereur le futur ennemi de l'Église. Mais en ce qui concerne l'abbé Joachim, elle marque la fin de ses interventions politiques. Certes, il dut approuver le plan d'innocent IV, plan dont l'exécution devait se dérouler au milieu de rudes vicissitudes ; mais, à dater de ce

27 novembre 1198 où mourut l'impératrice Constance, il semble bien qu'il se soit retiré de la vie active pour ne plus songer qu'au moment, qu'il savait proche, où lui-même devait quitter ce monde.

Il vieillissait. Les hauts personnages qui l'avaient soutenu dans son œuvre monastique disparaissaient prématurément — ce Tancrède qui lui permit de bâtir Flore — cet Henri VI qui combla l'ordre de libéralités — maintenant cette impératrice Constance qui le protégea d'abord, qu'il soutint ensuite. Et là-bas dans sa geôle allemande au fond du ténébreux Vorarlberg, le petit prince gisait, symbole de la dynastie normande, aveugle, plaintif, émasculé.

Son œuvre prophétique se trouvait terminée, admirée par les savants, approuvée par les papes. Il avait le sentiment d'avoir révélé aux hommes le plan de leur histoire misérable et sublime. D'un autre côté, l'heure s'assombrissait. Partout, décidément, les signes précurseurs brillaient à ses yeux en lueurs sinistres. Il voyait l'hérésie grandir, les erreurs se multiplier. Les Vaudois, autrefois reclus dans les montagnes françaises, se sont unis aux Pauvres de Lyon; ils ont paru dans les provinces du Nord, étendent chaque jour leurs groupes maudits. Foules sans prêtres autres que des inspirés, fidèles sans église qui communient sans s'agenouiller, buvant le vin, mangeant le pain dans une cène découronnée, ils sont peut-être les plus odieux des hérétiques. Il les voit qui dévalent les pentes des Alpes, pourrissent des plaques de leur lèpre les plaines lombardes, s'infiltrent dans le centre au cœur même de l'Église catholique et romaine. Depuis plus de dix ans, les Vaudois lombards ont élu pour chef Ugo Speroni. Et ce n'est pas en Italie seulement que les ravages de ces hérétiques apportent la mort spirituelle. L'évêque de Toul a dû expulser les Vaudois lorrains. Célestin III a dû déléguer le cardinal Saint-Ange contre les Vaudois espagnols que le Concile de Léridan vient de condamner. Un autre concile, celui de Montpellier, s'est prononcé solennellement contre les Vaudois provençaux. Qu'importe? Ces exaltés, debout sous la voute du ciel, se passent toujours le calice sacrilège. Et là-bas, en Orient, le tombeau du Christ qu'il avait salué libre en sa jeunesse est toujours au pouvoir des Infidèles. Un grand couchant sombre ensanglante l'horizon. En face, au blême Levant, le Dragon qui marche sur le sable de la mer va profiler sans doute, sur une lune énorme, sa bizarre silhouette aux dix têtes...

Alors l'abbé de Flore remonte dans sa solitude sévère, parmi les immenses forêts de pins qui gémissent inlassablement sous les vents du sud résineux et salins. Loin du monde condamné, il regagne le cloître du salut, où, paisible et divine, l'attend la mort. Il voit de la barque, s'éloigner, disparaitre pour toujours, la cité de Paierme et, peut-être, penchée entre les créneaux, l'ombre d'un page aux cheveux blonds. Il jette un dernier regard aux plaines de Calabre qui virent passer sa jeunesse, où la Carnavine coule toujours au fond du jardin notarial. Puis il gravit la route tragique, au flanc des montagnes. Il ne redescendra plus.

XIII

n ces dernières années, au milieu de ces bouleversements sanglants, Joachim avait pris, définitivement, figure de prophète
et de saint. Il l'avait emporté sur ses adversaires. Le 25 avril
1196, un bref de Clément III l'avait libéré de l'obédience
de Cîteaux, et avait officiellement reconnu l'Ordre de Flore.
Tranquille, il achevait ses jours dans cette abbaye créée de ses mains, toute
vibrante d'enthousiasme ascétique, en mélangeant, selon la coutume, la
mystique visionnaire et la direction temporelle. Il étendait la puissance de
son ordre, fondait de nouveaux monastères, acceptait de nouveaux postu-
lants. De pieux personnages l'aidaient de leur or et de leur influence. Il fit
construire ainsi l'abbaye d'Albane dont Hunfroy Culiny fournit le terrain
et dont Simon de Manistra paya la construction. Il aimait voir essaimer
dans toute l'Italie cette abbaye de Flore fondée au milieu de tant de luttes,
malgré tant d'attaques et qui demeurait, enclose des forêts de Sylla, l'asile
de pures méditations. Vivant du travail de leurs mains, selon la règle établie
par l'apôtre, des religieux au nombre sans cesse accru l'entouraient d'un
chœur qui louangeait Dieu. Que lui importaient désormais les clameurs
des moines cisterciens ? Pas davantage que les titres dont le parèrent les
rois de Sicile ou les empereurs d'Allemagne. Il n'était plus qu'un moine
qui attend dans la cité de Dieu la visite inéluctable. Tout à l'heure, peut-
être, la cloche du frère portier, de ses trois coups espacés, allait annoncer
la dernière visiteuse...

Sa vie demeurait cependant toujours aussi active. Il suivait les prescriptions de la Règle avec une minutie attentive. Il revoyait, corrigeait, com-
plétait les quelques ouvrages qu'il avait entrepris en dehors de son œuvre
principale : *L'enchiridion in Apocalipsim*, la *Summula seu breviloquium super
Concordia novi et veteris Testamenti*, le *Super Quatuor Evangelia*, la *Concordia
Evangeliorum*, le *Contra Judœos*, le *De articuli fidei*, le *Libellus de unitate
seu essentia Trinitatis*. Il s'attachait aussi à résoudre des problèmes de vie
monastique, de ces problèmes subtils dont s'enrichira sans arrêt la casuis-
tique. Dom Gervaise nous a conservé tout au long l'histoire d'un de ces
cas de conscience, plein d'ironie vraiment pour les palinodies humaines.

Nombre de malades, se sentant très menacés, faisaient alors vœu, parait-il, d'entrer, s'ils guérissaient, dans l'Ordre de Flore; mais guéris, ils éludaient sous mille prétextes un vœu moins dû à leur piété accrue qu'à la crainte du trépas. Joachim se demandait si cette révocation d'une promesse pouvait être tenue pour licite, ou s'il ne convenait pas plutôt de rappeler aux bons vivants leurs affres à l'heure du grand péril. Il consulta le pape. Excellent théologien, Innocent IV déclara que l'autorité religieuse devait appliquer les censures ecclésiastiques à ces couards, le vœu leur ayant conféré le caractère monastique. Parfois, et grâce, au contraire, à un zèle très vif, le problème devenait plus délicat encore. Si le malade, à toute extrémité, voulait par une pensée pieuse et bien qu'il ne fût pas exaucé remplir son vœu, Joachim possédait-il le droit d'accéder à sa requête et de l'accepter dans l'ordre sans observer les délais requis, ni procéder aux cérémonies prescrites? L'abbé de Flore poursuivait avec une implacable logique la solution de ces problèmes dont il savait toute la valeur secrète. Bâtisseur de monastères, constructeur d'ordre, il voulait, sur le plan réel et sur le plan spirituel, la même dureté, la même solidité, la même perfection. Toujours il cherchait la rectitude des bâtisses et la pureté des cœurs.

Sa journée faite, consacrée ainsi à l'observance personnelle du règlement, à la conduite morale des âmes dont il avait la charge, à la direction pratique du monastère, il quittait les soucis du monde, poursuivait très avant dans la nuit la méditation des vérités éternelles. Alors les grandes visions universelles revenaient le hanter. Pendant la nuit de Pâques de l'an 1200, comme il priait dans sa cellule, il fut illuminé, transporté en esprit dans les temps futurs. «Dans le silence de toutes choses, écrit Gebhart, il avait aperçu l'avenir prochain du christianisme. Il redoutait de se taire, et n'osait parler. Ce siècle finissait dans l'épouvante prédite par l'antique Évangile, et Joachim se demandait en tremblant par quelles douleurs le monde allait payer l'enfantement de *l'Évangile éternel*». Quand donc viendrait l'ordre sauveur? Il scrutait la nuit ténébreuse. Donc, un monde allait naitre! Sans doute se rendait-il compte — et avec quelle angoisse! — de toutes les déviations que faisaient subir les faux prophètes à la pure, à la haute doctrine de l'Esprit. Des figures passaient, silhouettées sous un trouble éclair, sur le fond de la nuit. Il les reconnaissait, les maudissait... Quel siècle bizarre que celui qui avait vu le Brabançon Tanchelon célébrer son mariage avec la Sainte Vierge, et le Breton Éon de l'Étoile se préparer à présider le Jugement dernier! Il connaissait à fond les doctrines des Vaudois. Il se souvenait de cet étrange Amaury de Bène, professeur de théologie à l'université de

Paris, séduit par ces philosophes arabes qu'il avait lui-même connus jadis à la cour de Sicile, et qui prêchait l'Incarnation du Père dans Abraham, du Fils dans le Christ, de l'Esprit dans tout chrétien. Toutes les forces de la communauté mystique, les sacrements, la prêtrise étaient niées ; toutes les bases de la société, le mariage, le travail, le devoir envers son pays, étaient sapées... Il songeait, lui qui avait exigé de lui-même et de tous ses moines la plus absolue chasteté, aux bizarres dérèglements qu'absolvaient certains de ces hérétiques, sous le prétexte que nulle fornication ne peut souiller l'être en communion avec l'esprit. Là-bas se réédifiaient confusément les villes maudites dont il avait vu jadis les tombes liquides : ne s'était-il pas trouvé des hommes qui, jugeant que la vie est un mal et voulant la tarir à sa source, avaient prêché la sodomie ? Il voyait sur la terre désolée, la ronde effrayante et curieuse des pensées fausses s'enchainant aux mauvaises pensées, tout le tourbillon des ennemis de la foi. L'aube les dissiperait, ces fantômes dont les uns balançaient un front énorme et crispé, gonflé de subtilités hérétiques, dont les autres bombaient un ventre obscène et démesuré, agité d'immondes désirs. Mais quand donc viendrait l'aube ? Toujours la nuit plombait sa lourde voute aux dentelures des sommets blêmes. Tournant son regard vers les trois manuscrits empilés sur quelque tablette, songeait-il alors qu'il avait apporté le livre des temps nouveaux ? Prévoyait-il que, plus tard, ses disciples le verraient lui-même préfiguré, dans cette Apocalypse qu'il avait déchiffrée, par l'ange qui, volant au-dessus des eaux sanglantes et des cratères de soufre, porte en ses mains *l'Évangile Éternel ?*

Cette même année, à la fin de ce siècle tourmenté, il rédigea son testament. Il énumérait les œuvres qu'il écrivit sur le conseil, sur l'ordre même des papes. Il déclarait renier par avance tout ce qui pourrait paraitre contraire à la plus stricte orthodoxie, et proclamait sa foi catholique. Craignait-il les conclusions dangereuses que les joachimites allaient tirer de ses théories ? Voulait-il rendre plus difficile l'adjonction à ses livres d'annexes apocryphes ? Ou simplement désirait-il arrêter sa vie, en fixer le caractère, signifier que, désormais, il s'enveloppait dans la méditation et la mort ?

Sa vie demeurait calme, austère. On le rencontrait dans les allées qui perçaient les forêts épaisses, aux alentours de l'abbaye, le front incliné, la barbe blanche répandue sur le froc des psaumes aux lèvres et des visions sous les paupières. Et le soir, avant laudes, les frères se montraient sous les arceaux du cloitre le grand vieillard commentant aux anciens du monastère quelque prophétie obscure. Lui, dans ses méditations coutumières, revenait-il sur son passé ? Revoyait-il, aux lumières du couchant, sa vie sacrifiée à des pensées sombres? De tels caractères, rudes, actifs, préoccupés de la victoire de leur doctrine, sont peu portés en principe à se retourner vers le chemin parcouru. C'est sur le chemin qui s'ouvre qu'ils jettent avidement leurs regards et leur cœur. Que leur importent les préparations? Et, pour eux, la jeunesse est une préparation. Elle n'est pis une joie par elle-même, mais un enthousiaste élan vers un but. Les hommes épris de réformes sociales, de réorganisation de la vie publique, les hommes politiques en général, s'attendrissent peu sur les images qui se décolorent ou qui s'éloignent. À son heure, et dans le cadre alors possible, Joachim fut l'un d'eux. Il organisait

fiévreusement l'avenir. L'activité ne consiste pas seulement en des réalisations pratiques: une activité plus féconde, peut-être, réside dans l'effort doctrinal.

L'avenir, d'ailleurs, il le connaissait, l'attendait avec une sorte d'ivresse métaphysique. À l'aube, quand il montait à l'autel, dans cette chapelle qu'il avait voulue plus riche, plus ornée que les pâles églises cisterciennes, il évoquait avec plus d'émotion, plus d'épouvante encore que dans sa jeunesse, les mots mystérieux de Jésus dans le dernier repas: «J'ai encore beaucoup de choses à vous dire, mais vous ne pouvez les porter maintenant... Quand le consolateur sera venu, l'Esprit de Vérité, il vous conduira dans toute la Vérité». Qu'il vienne enfin, ce consolateur des pauvres âmes, qui donnera au monde la Vérité suprême! Rompant le pain, versant le vin dans le calice, l'officiant effrayé et aimant évoquait la cène, les apôtres groupés autour du Christ, l'écoutant avec admiration et angoisse... Heure de la deuxième révélation, Heure sublime qui passe dans la grande chambre haute, meublée, toute prête, préparée par cet Hôte inconnu que ne désignent pas les évangélistes, mais dont l'esclave portait, dans la rue une cruche d'eau, — qui passe ignorée au milieu de la Jérusalem terrestre affairée par les fêtes rituelles! Un rayon du matin perce le vitrail de la chapelle, vient baigner le visage du vieillard et ses mains qui recouvrent maintenant le calice d'un voile brodé... Voici donc venue l'heure de la troisième révélation, prédite alors par le Fils de l'Homme. Ah! Être, non pas le maitre qui prépare la chambre haute, le lieu sacré ou l'Esprit se révèlera aux apôtres du dernier jour, mais simplement, Seigneur, dans la rue, cet esclave qui porte une cruche, cet humble homme du peuple, cet anonyme qui n'a vécu sans doute sa longue vie que pour être, une seconde, le signe errant et muet que l'heure a sonné!

Ainsi, sans doute, s'enfonçait-il dans ses rêveries. Et lorsqu'il parlait à ses moines avec cette éloquence ardente, violente, élevée, qui donnait un charme si sévère, jadis, aux repas dont il était le convive, ses paroles chargées de sens paraissaient venir de très loin— de cet autre monde sur les confins duquel il erra toujours, et dans lequel il allait entrer, sa tâche faite.

En 1201, l'archevêque de Cosenza lui offrit, pour élever un nouveau monastère, un assez vaste terrain situé dans un paysage charmant, proche de Pierrefitte. Joachim s'établit à demeure auprès des bâtiments en construction, surveillant les travaux, s'inquiétant de cette abbaye dont il ne savait pas qu'elle abriterait son tombeau. La pose de la première pierre donna lieu à une cérémonie imposante, et l'archevêque voulut faire lui-même le geste symbolique. Joachim s'attacha d'autant plus aux progrès de cet ensemble d'édifices, de cette petite cité spirituelle, qu'il y voyait un symbole. Ce site agreste avait été décoré autrefois, en effet, d'un temple de Jupiter. Dans ces lieux visités du démon qui prenait la figure des belles divinités païennes, la construction d'une église apparaissait donc comme une victoire du Christ. Et bientôt, au lieu des sacrifices sanglants, des entrailles répandues aux pieds des aruspices, de toute cette affreuse boucherie, une mince hostie blanche s'élèverait entre deux flammes pures. Les lignes de l'architecture chrétienne, non plus limitée, fixe, toute terrestre, avec la promenade immobilisée des colonnes sur lesquelles pèse la lourde frise, mais élancée, bien au contraire, avec la fine aiguille du clocher, avec l'élan des arceaux, avec ces ogives aussi jetées vers le ciel que les notes du plain-chant, ravissaient les yeux du vieux moine, usés d'avoir vu tant d'êtres et tant de choses, d'avoir distingué, aux limites du réel, tant de vagues et formidables figures. Arrêté sur la prairie, sous un groupe d'arbres, il regardait l'abbaye monter lentement, dans le bruit des marteaux et le grincement des scies, tandis qu'autour des murailles déjà hautes les frères s'employaient, dessinant le parc, plantant le verger, traçant les chemins. Paix divine du soir! Il murmurait une prière, et voyait devant lui, le soleil soudain plus bas, allonger son ombre.

Il passa tout l'hiver, si rigoureux dans les Apennins, à diriger la construction de ce monastère qui semblait figurer, dans cette claire atmosphère purifiée, son sépulcre monumental. Dans les premiers jours du carême de 1202, il se sentit souffrant, éprouva des malaises qui, bientôt, se prolongèrent. Habitué à mépriser son corps, il ne changea rien de ses habitudes, donna toujours l'exemple de l'assiduité aux offices, de l'observance de la Règle. Il suivit les prescriptions monastiques d'abstinence, en ces jours d'un deuil divin, sans pitié pour son affaiblissement. À vrai dire, y prenait-il seulement garde? Mais subitement il comprit que la fin approchait. Il avertit ses frères, et se prépara tranquillement à mourir. Plusieurs moines partirent en hâte pour

Flore, afin de prévenir le Chapitre. Sur leur passage, le bruit se répandit que le vieux prophète entrait en agonie. Alors une foule désolée accourut, emplit l'hôpital, les communs, les fermes du monastère neuf. Les abbés de Sambucine, du Saint-Esprit, de Curace, se présentèrent. Des religieux de tous les monastères environnants arrivaient à toute heure, rudes et pensifs, armée sombre qui venait assister à son chevet de mort le chef qui prédisait la victoire à leur grande force chaste et pauvre. Puis parurent, en procession effrayée, tous les moines de l'abbaye de Flore qui avaient pu quitter leur cloître. On se trouvait aux derniers jours de mars. Le hâtif et vert printemps de Calabre mettait autour de l'abbaye où Joachim se mourait un souffle de renouveau, l'amère odeur des bourgeons neufs, l'annonce d'une autre saison spirituelle prête à s'épanouir et comme la lumineuse vision d'un re-nouvèlement du monde. Joachim, étendu sur son grabat, entouré de ses frères, attendait sans crainte la visiteuse éternelle. Il apercevait, par l'étroite fenêtre de sa cellule, cet éveil de la nature, ce premier rayon de l'année, et, par ce sens de la spiritualisation qui enchanta sa vie, il devait transfigurer l'heure, la recevoir comme la floraison toute prête qu'il avait obstinément annoncée. Et cette abbaye toute fraiche de plâtre, toute blanche, avec, hier encore, l'activité autour d'elle des travailleurs de Dieu, cette abbaye où il se couchait pour toujours, lui était l'image humble, mais précieuse, de la Jérusalem céleste.

Vigoureux jusque sur le seuil de la mort, il parlait aux abbés qui l'assis-taient, aux moines qui l'entouraient, avec une familiarité plus profonde et plus souriante. Il semblait qu'à cette dernière heure son intellectualisme se détendit. Avant toute chose, il leur prêchait la charité, l'amour ; il les adjurait de s'aimer les uns les autres, comme le Seigneur les avait aimés. Il revenait sur ces propos, avec toute la force qui animait encore son sang. De son corps émacié, de son visage d'ascète creusé par tant d'années de privations, bouleversé par tant de terreurs souveraines, rayonnait la ferveur de la communauté, la foi dans l'armée du Christ qui luttait ici-bas pour le triomphe de la Justice.

Cependant, il se sentit faiblir. Il demanda les sacrements. Minute émou-vante et solennelle où, dans la procession des moines haussant des cierges, entre les lampes funèbres sous leurs vitres rouges, un abbé porta vers son lit d'agonie le Dieu dont il avait prêché la vengeance et qui lui arrivait comme le pardon ! Joachim, aidé par deux frères, se souleva pour recevoir l'hostie suprême et tout autour de lui se courbaient les longues coules pâles, s'inclinaient les crânes tonsurés. D'humbles serviteurs étaient à genoux, le

long des murailles. Par la porte demeurée ouverte, Joachim pouvait apercevoir la procession arrêtée, immobilisée. Dans l'ombre des corridors, une
centaine de cierges brasillaient, petites âmes d'or prêtes à disparaître. Et
les prières rituelles se poursuivaient, adieu du monde à l'âme humaine qui
allait s'envoler.

La cérémonie achevée, Joachim bénit les moines. Il voulut commencer ce
dernier acte abbatial par les religieux de Curace, au milieu desquels il avait
débuté dans la vie monastique et qu'il avait ensuite dirigés dans les voies
spirituelles. Ici se place un épisode rapporté par ses biographes et qui montre
que son caractère rude et absolu reparut alors une dernière fois. Comme il
bénissait un par un les religieux de ce monastère, soudain il refusa d'étendre
les mains au-dessus de la tête penchée de l'un d'eux. Les abbés présents,
debout à son chevet, le supplièrent de ne pas traiter ce malheureux en pa-
ria. Mais Joachim qui voulait, par cet acte public, forcer ce moine à sortir
de son péché répliquait durement à toute objurgation que la bénédiction
de Dieu est réservée aux justes. Il céda enfin, mais seulement lorsque les
abbés lui eurent promis qu'ils instruiraient le procès du pêcheur selon les
formes régulières.

Il bénit ensuite les moines du monastère du Saint-Esprit. Puis enfin, il
étendit ses mains lentes sur les crânes ras des religieux de Flore, de ses pré-
férés auxquels il consacra ses dernières années, qu'il illumina de sa science
la plus claire. Il mit, dans cet adieu, ce qui pouvait tenir de tendresse dans
son cœur sombre.

On se trouvait au samedi 30 mars, veille du dimanche de la Passion. Tous
ses biographes ont conté comment chaque année à cette même époque, il
s'abimait dans de surnaturelles méditations «Il prenait part, écrit Gebhart,
à toutes les amertumes du sauveur, et, gagné par le charme de l'agonie divine, il se plaignait de la brièveté des jours...» À cette date pareille allait
briller pour lui le jour qui ne finit pas.

Il passait de ce monde, qui toujours lui fut un symbole, au monde réel. Il
abandonnait la scène terrestre du drame éternel à l'heure où il prévoyait que
le triomphe de Dieu était proche. Les abstractions prenaient corps autour
de son grabat trempé de sueur. Les grandes idées qui l'exaltèrent toute sa
vie le soutenaient, le soulevaient, l'emportaient dans leur royaume.

Il n'eut qu'une agonie rapide et légère. Au chant des psaumes, entouré de
moines, la lumière de la certitude au fond de ses yeux qui se refermaient,
échappant aux vaines images de la vérité pour la contempler elle-même,

infinie, perdurable, essentielle, Joachim, abbé de Flore, rendit en paix le dernier soupir.

Son œuvre allait vivre. Étudiée, commentée interpolée, elle passionnera, elle enfièvrera des esprits dans les cellules monacales, allumera d'étranges lampes dans la nuit voutée des cloitres. De petits cercles de Joachimites se constitueront dans les couvents de France ou d'Italie. Ces groupes obscurs parviendront en à faire élire l'un de leurs fervents au généralat d'un des ordres les plus puissants du XIIIe siècle. Et cette œuvre, transformée, devenue *l'Évangile éternel,* mettra l'Église à quelques instants d'une grave crise spirituelle. Elle sera condamnée, taxée d'hérésie. Qu'importait? Dès ce lit de mort, la légende de l'auteur est créée. Il pouvait bien avoir erré sur le dogme trinitaire. Qu'importait? Pour avoir jeté, avec l'accent de son siècle, le cri de la conscience humaine, il était sauvé là-haut et ici-bas, et se trouvait pour jamais dans le ciel de l'Église et dans le Paradis de Dante.

Discovery
Publisher

Les Éditions **Discovery** est un éditeur multimédia
dont la mission est d'inspirer et de soutenir la
transformation personnelle, la croissance spirituelle
et l'éveil. Avec chaque titre, nous nous efforçons
de préserver la sagesse essentielle de l'auteur, de
l'enseignant spirituel, du penseur, guérisseur et de
l'artiste visionnaire.

www.ingramcontent.com/pod-product-compliance
Lightning Source LLC
Chambersburg PA
CBHW031859090426
42741CB00005B/557